JN221316

屠呦呦

ト・ユウユウ

中国初の女性ノーベル賞受賞科学者

『屠呦呦伝』編集委員会

日中翻訳学院

監訳者　町田　晶

訳　者　西岡一人

Tu You You

The First Female Scientist of China
Who Won the Nobel Prize

日本僑報社

屠呦呦氏の研究執念

この度の屠呦呦氏の伝記書籍の発刊を心から祝し、改めて屠呦呦氏の研究にかけてきた執念に敬意を表してお祝いのメッセージとします。

屠呦呦氏が歩んできた道は、研究者としての根気と熱意、そして何よりも常に変わらぬ真理の発見への執念そのものだったと思います。その生き方を支えた最大の源泉は、熱帯地方で蔓延するマラリアという重度な感染症から人を救いたいという人類愛でした。

そのような研究人生の中でも、特に私に共鳴を抱かせたのは、おびただしい薬草の中から人に役立つ薬草を求めて未知の領域に切り込んでいった研究者の魂でした。私も人に役立つ微生物由来の有機化合物を発見するため、未知の科学領域での闘いに明け暮れ、そしてまた私も熱帯地方の重度な感染症として恐れられていたオンコセルカ症、リンパ系フィラリア症、疥癬などの特効薬に結びついた有機化合物の発見に至りました。

中国と日本と遠く離れた土地で研究してきましたが、偶然にも屠呦呦氏と私は科学者として同じような境遇の中で苦難の数々を乗り越えてきたことを知りました。そして一つの科学の成果にたどり着き、一緒にノーベル賞を受賞できたことは奇跡であり感動的でした。

今回、屠呦呦氏の伝記が発刊され、世界中の若い世代に研究者の人類愛に支えられた研究執念と、大河の流れのように奥深い中国医学の歴史的成果が知られることは深い感銘を与えるでしょう。

心より発刊のお祝いを申し上げます。

2019年5月1日

2015年ノーベル生理学・医学賞受賞 大村 智

北里大学特別栄誉教授、中国工程院院士、女子美術大学名誉理事長

3

目　次

プロローグ

　現地時間2015年10月5日午前11時30分、スウェーデンの首都ストックホルムのカロリンスカ研究所ノーベル・フォーラムは、世界各地からの記者でごった返していた。大勢の人が見守る中、ノーベル生理学・医学賞選考委員会ウルバン・リンダール常務秘書と3人の評議員がゆっくりと演壇に上がっていった。

　リンダール氏は微笑を浮かべながら、スウェーデン語と英語で、2015年のノーベル生理学・医学賞を中国の薬学者屠呦呦氏、アイルランドの科学者ウィリアム・C・キャンベル氏、日本の科学者大村智氏に授与し、寄生虫感染症治療での研究成果を表彰すると宣言した。賞金800万スウェーデン・クローナ（約92万ドル）は半分を屠呦呦氏が受け取り、残りの半分を2人の科学者で分け合うことになった。

　リンダール氏の背後の大スクリーンに3人の受賞者の写真とプロフィールが映し出された。写真の屠呦呦氏はメガネをかけて口元にかすかな微笑を浮かべ、正面を見つめており、プロフィールには次のように書かれていた。「1930年生まれ、中国北京、中国中医科学院[①]」

　この時、北京時間2015年10月5日午後5時30分。今や世界のマスコミが追いかける取材対象となった屠呦呦氏は、このことを全く知らず、シャワーを浴びていたのだが、リビングでテレビを見ていた夫に知らされた。「君が受賞したよ」

　初めは気にもとめず、ウォーレン・アルパート賞のことだと思っていた。ほどなく、祝電や花束が次々と届けられ、記者が争って取材に訪れた。かつて経験したことのない大騒ぎが始まった。人々は氏のノーベル賞受賞に熱狂していた。

2015年10月5日、ノーベル賞の公式ウェブサイトが掲載した写真。左から、アイルランドの科学者ウィリアム・C・キャンベル氏、日本の科学者大村智氏、中国の薬学者屠呦呦氏

この受賞によって、歴史が書きかえられたからだ。即ち、これは中国初の女性ノーベル賞受賞科学者であり、中国医学界がこれまでに受賞した最高の国際的な賞であり、中国医薬が得た最高の賞だったからである。

北京時間10月6日午後1時、リンダール氏より正式に電話があり、受賞に対する温かい祝いの言葉と12月にスウェーデンで行われる授賞式に是非出席頂きたいとの要請があった。氏は相変わらず淡々としており、返事をする時「これは私個人の栄誉であるだけでなく、国際社会が中国の科学者を認めた結果です」と強調した。

ノーベル賞は、氏が数十年の間黙々と仕事に打ち込んできたことの最高の証しであった。

彼女の平静な心の力と、名誉や利益は追わずに研究に一

心に打ち込む勇気が、科学者としての風格をつくり上げているのかも知れなかった。何百回何千回と繰り返される実験、砂を噛むような孤独な仕事……。並外れた気力と崇高な理想がなければ、失敗の当惑に打ち勝つことはできず、突破口を切り開くことも卓越した業績を上げることもできない。

　どんな科学的イノベーションも一見偶然から生まれたかのように見えるが、実は並外れた洞察力や広い視野、強い信念がそこにはあるのだ。薬の安全性を確保するため、氏は自ら進んで治験を行った。一次資料を得るために、海南島のマラリア感染地域を歩き、きびしい暑さの中で、患者に薬を処方した。氏にとって、これは体にしみ込んでいる医者としての仁愛の心であり、青蒿[②]を久しく求め続けた力の源泉でもあった。

　85年前、氏の父が『詩経・小雅』の中から「呦呦（ゆうゆう）」の二文字をとって娘の名前とした時、娘の生涯の仕事がこの「青蒿」というありふれた草と深く結びつくとは思いもよらなかったし、ましてや娘がこの草の研究を通じて、無数の命を救うことになろうとは、知る由もなかった。

　中国で初めてノーベル賞を受賞した女性科学者は、一体どのような経歴をたどって来たのであろうか。この偉大な科学者の非凡な人生には多くの啓示がある。我々は本書を通してそれに触れてみよう。

［訳注］
①「中医」とは中国を中心に行われている伝統医学のこと。中国医学。
②青蒿とは生薬でいうカワラニンジン、黄花蒿（和名 クソニンジン）ほか近縁2種のこと。屠呦呦氏が抗マラリア薬を抽出した植物は「黄花蒿」。

第一章 少女時代

TU YOU YOU

The First Female Scientist of China
Who Won the Nobel Prize

寧波と姚家

　中国の地図を開いてみると、寧波は海辺の港町であることが分かる。

　寧波の歴史は、7000年前の河姆渡文化[①]にまでさかのぼる。夏王朝の時代、この一帯は鄞[ぎん]と呼ばれ、唐代には明州と呼ばれた。また、寧波はその地理的優位性によって全国最大の港町となり、日本や高麗と盛んに貿易を行った。対外貿易の発達によって、海上のシルクロードの出発点となった。元代にはすでに南北の貨物の集散地となり、全国的にも重要な港町の一つになっていた。清代になると、寧波には有名な浙東史学[②]が起こり、欧米諸国との交流もしだいに増えていった。阿片戦争後、1844年に寧波は開港した。外資の流入によって、地場の経済が大打撃を受けた。寧波商人は近代的な商人へと脱皮を始め、主な活動拠点を新興の上海に移し、上海の都市建設や文化の形成に大きな影響を与えた。中華民国時代、寧波の経済は戦乱のために大きな浮き沈みを繰り返した。1927年1月から2月にかけて、国民革命軍は孫伝芳軍閥を打ち負かし、この地に進出してきた。衝突と動乱は、1930年代まで治まることはなかった。

　屠呦呦氏はまさにこの動乱期の寧波で誕生した。

　1930年12月30日の明け方、寧波市開明街508号の屠家では、赤ん坊の泣き声が「ユウユウ」と響いた。3人の息子に次いで、待ち望んでいた娘が誕生したのだ。

　ユウユウという泣き声は、鹿の鳴き声のようであった。
　赤ん坊の泣き声を聞きながら、父親の屠濂規氏は幸せ
な気分に浸っていた。思わず『詩経』の有名な詩が口を
ついて出た。「呦呦と鹿鳴き、野の蒿を食む……」（ゆう
ゆうと鹿が鳴き、野のヨモギを食べる……）

　「女子は詩経から、男子は楚辞から」が、中国人が子
どもの名前を付けるときの昔からの習慣であった。父親
は女の子を呦呦と名づけた。ユウユウという泣き声は父
親の耳にいつまでも残っており、この名によって、娘へ
の愛と期待、祝福の気持ちを表現したのだ。

幼い屠呦呦氏と母親の姚仲千氏。
現在のところこれが屠呦呦氏の
最も古い写真である

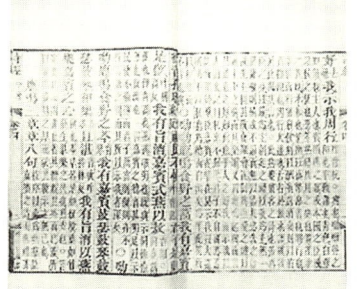

『詩経 小雅』の「呦呦と鹿鳴き、野の蒿を食む」の一節　　　『呦呦鹿鳴』（孟晴）

　父親は「呦呦と鹿鳴き、野の蒿を食む」と吟じ終えると「蒿青々として、春の陽気を告げる」と対句をつけた。これによって、より深遠で完璧なものになるようであった。このおとぎ話のような詩句により、少女は詩情豊かな幼年時代をすごすことになった。

　とりわけ「蒿青々として、春の陽気を告げる」という詩句によって、この令嬢は図らずも蒿（ヨモギ）と切っても切れない縁で結ばれるのである。

　開明街という市中心の「蓮橋第」地域に生まれた少女は、幼いころから、古い寧波の細やかな、江南の息吹が感じられる文化的雰囲気の中で過ごした。

　寧波は交通が発達し、四方八方からさまざまなものが集まった。奇怪でけばけばしい中幡（派手に装飾された竿を頭にのせて行う曲芸）、肚皮拉車（縄がついた吸盤

のようなものを腹につけ、車を引く曲芸)、人々が喝采してやまない影絵芝居や人形劇など民間伝統芸能が見切れないほどあり、素晴らしいものばかりであった。職人街を歩いてみると、今ではほとんど見られなくなった紙すき、酒造り、油しぼり、鍛冶などの昔からの仕事を目にすることができたし、食べ物横丁には、江南のお菓子の姜糖（生姜飴）、お餅、各種豆腐など何でもそろっていた。特に明け方の街角にひびく物売りの声は、耳に心地よく、買い物客の心を楽しませるものであった。楽しみの中に世の中の移り変わりを感じ、のんびりした中にもなりわいの素晴らしさを実感した。これらは少女の記憶にしっかりと刻み込まれ、いつまでも消え去ることはない。

　この美しい水郷から東に徒歩で約20分のところが、1930年代寧波のもう一つの顔であった三江口である。北から流れる姚江と、南から流れる奉化江がここで合流し、甬江と名前を変え、鎮海の招宝山を通って海に注ぎ、東に流れ去る。一時期、寧波商人は中国の大半を股にかけて商いをしていた。これと時を同じくして、三江口の江廈埠頭は繁栄を極め、舟が行き交い、さまざまな品物が流通していた。このため、「天下をくまなく歩かずとも、寧波の江廈に行けばよい」と言われた。

　しかし、幼い少女にとっては、商人たちが川面に帆をあげて舟を走らす姿よりも、家から2キロメートルも離れていない「天一閣」の方が魅力的であった。

明代中期に建てられた天一閣。現存する中国最古の私立図書館であり、現存するアジア最古の図書館であり、また世界で最も歴史ある三大私立図書館の一つである

　寧波人の誇りは「書は古今を蔵し、港は天下に通じる」ことである。彼らにとっては、天一閣の有する古都の風格の方が、港がもたらす物質的な豊かさに勝っていた。

　天一閣は月湖の西にある図書館である。この建物が寧波の象徴となったのは、現存する中国最古の私立図書館で、現存するアジア最古の図書館であり、また世界で最も歴史ある三大私立図書館の一つであるからである。

　天一閣の中で、歳月の痕跡が刻まれた回廊の柱をなで、庭の青々とした緑陰を歩き、濃厚な書の香りをかぐ。これは実は中国文化を守り伝えるために通ってきたイバラ

の道を振り返ることでもある。この図書館は中国文化の灯りをともし続け、歴史の流れを記録し、後の世代に恵みをもたらすものであり、中国の広くて奥深い儒教、仏教、道教の三教文化を味わえるところである。

　これら2つの、寧波を象徴する名所の近くで育ったことは、少女の開明街における記憶をより寧波色の強いものとした。

　開明街26号の姚家は、外祖母の家であり、幼い頃のもう一つの思い出の場所である。

　この家は開明街で現在も残っている唯一の民国時代の建物であり、外祖父の姚咏白氏が建てたものである。師を尊び、道を重んじる寧波人である姚咏白氏は、上海法学院、復旦大学、大厦大学で教授を務めた。

　姚家の邸宅は南向きで、前広間、広間、正楼、後屋からなっている。前広間と広間はそれぞれ3つの部屋と2本の通路からなる2階建ての建物である。木製の欄干には彫刻飾りが施され、廊下の床の端には唐草模様が刻まれている。広々とした正楼は3つの部屋と1本の通路からなり、奥行き5本の柱がある高い平屋で、妻壁は5段の馬頭山壁（飾り壁）である。後屋は3つの部屋と1本の通路からなり、硬山式切妻屋根の高い平屋である。広々とした広間から奥に進むと、さほど大きくはないが温かみのある小さな庭がある。1本の大木の生い茂った枝葉が正楼をかくしており、初秋には、落ち葉が静かに庭を覆う。

寧波市開明街26号の姚家は、屠呦呦氏の外祖父姚咏白氏により建てられた。屠呦呦氏は11歳から大学入学までここで暮らした。上の写真は中庭、下の写真は姚家の全景

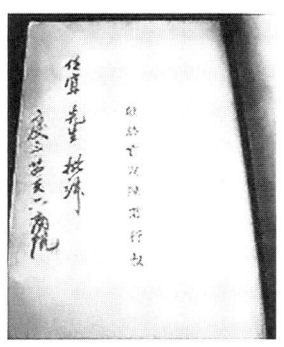

姚慶三氏が著した『財政学原論』と自筆のサイン

　1937 年、日本の全面的な侵略が始まった。1941 年に寧波が陥落すると、屠呦呦一家は戦火の中、自宅で暮らすことが難しくなり、やむなく姚家に身を寄せ、1951年の大学入学まで暮らした。

　姚家の周りは名家が多かった。元代の「寧波随一の学士」と称された袁桷、寧波商人会の大立者李鏡第、切手デザインの大家孫伝哲など、名のある人が集まる高級住宅地区と言ってよかった。

　屠呦呦氏の名が通る前、この家の著名人と言えば、彼女の母方のおじである経済学者の姚慶三氏であろう。

　1911 年生まれの姚慶三氏は、1929 年に復旦大学を卒業するとフランスに留学し、パリ大学の政治経済学科を卒業した。帰国後、1931 年から上海交通銀行管理処に勤め、貨幣の研究に打ち込んだ。1934 年に出版した『財政学原論』は、財政学の教科書となった。

1934年6月、アメリカで「銀購入法」が成立したため、国際銀価格が上昇し、中国の銀が大量に流出した。南京国民政府はすぐさま銀に輸出税を課したものの、問題の解決には至らなかった。経済学界、金融界には銀の問題と貨幣制度改革に関する議論が沸き起こり、貨幣改革を支持する姚慶三氏らとそれに異議を唱える馬寅初氏らの論戦が始まった。

　1935年11月になると、姚氏らの考えが採用され、法幣（国民政府が発行する法定通貨）の発行が始まった。これは中国の通貨体系の近代化における重要な一歩だった。

　姚慶三氏と経済学の大家ケインズとの縁は深く、ケインズの学術思想を導入し、中国で初めてケインズ経済学研究のための土台を作ったのが、ほかならぬ姚氏であった。

　1953年から、姚氏は新華銀行香港支店に勤務し、1979年には中国建設財務有限公司（香港）に移り、1985年まで勤めた。この2つとも香港中銀集団の前身の一つであり、42歳から75歳まで、姚氏はわが国の海外金融事業の繁栄に多くの貢献をした。姚氏はまた屠呦呦氏の父を銀行界に導いた人物でもある。

　氏はこのおじをこよなく敬慕し、生涯のお手本にした。

向学心の源

　寧波には、町全体に教育を重んずる気風があった。両親は娘に学問を始めさせた。女子にも教育を受けさせるという考えは、子どもの教育を重んじる家風と深い関係があった。

　1935年、5歳になった少女呦呦は、幼稚園に入り、その1年後には、寧波の私立崇徳小学校の初等部に入学した。11歳から、私立鄮西小学校の高等部で学び、13歳から私立器貞中学に入り、15歳からは私立甬江女子中学で学んだ。

　メガネを掛けたおさげ髪の見目うるわしい少女というのが、周りの人たちの印象であった。

屠呦呦氏の父屠濂規氏と母の姚仲千氏

父の屠濂規氏は、1903年（清・光緒29年）の生まれであり、その9年後に清王朝は滅亡した。寧波は早くから海外に向かって開かれていたため、屠家の20代にあたる濂規氏の受けた教育は、大変西洋的なものだった。鄞県第一高等小学校を卒業後、効実中学に学んだ濂規氏は、子どもたちにも自分と同じような教育を施した。このため、氏の3人の兄も皆立派な教育を受けたし、一人娘の呦呦氏も幼い頃からしっかりした教育を受けた。

屠呦呦氏の兄屠恒学氏が14歳の妹に贈った写真。右は写真の裏に書かれた言葉。「学問には終わりがありません。時に成功を収めたとしても、それに決して満足してはいけません。運悪く失敗しても、決してあきらめてはいけません。学問はそれを心から求める者を失望させることはありません」

　しかし、氏の学業は、1946年から2年あまり中断した。この年、16歳の少女を思いもよらぬ試練が襲った。肺

結核による学業の中断である。当時屠家の暮らしは、戦乱の影響で非常に厳しいものになっていた。少女にとって、肺結核という病気がどれほどつらかったか、想像に難くない。

　幸いにも、2年あまりの療養の結果、健康を回復し、学業が続けられるようになった。しかしこの肺結核こそ、彼女が医薬学に興味を持つきっかけとなったのである。「医薬の働きは本当に不思議だ。これを習得すれば、自分も痛みから逃れられるし、たくさんの人を救うこともできる。私にはこれしかない」と少女は思った。

　一人の薬学者を生み出したのは、この、自分を治療し、ほかの人をも救いたいという素朴な願いだった。

　彼女が医薬に興味を持ったのには、家庭環境の影響もあった。銀行職員だった父は、普段は読書を好んだ。古書がいっぱい積まれた小さな屋根裏部屋は、父の書斎であり、また少女が一番好きな場所でもあった。父親が本を読んでいる傍らに座り、一人前に本をひろげていた。文字の部分はあまり分からなかったが、中国医薬の本には大体挿絵が入っていたので、それを眺めて楽しんだ。

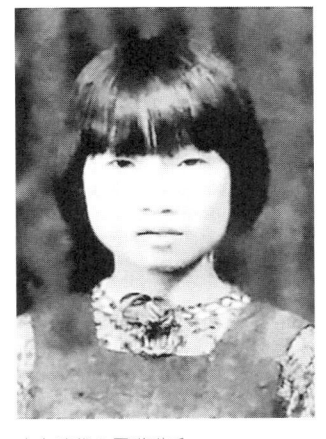

少女時代の屠呦呦氏

21

一人娘だった少女は愛情いっぱいに育てられた。少女はタニシ漬けが大好きだったので、母親は学校の勉強が忙しい娘にいつもお手製のタニシ漬けを持たせてくれた。それは学校の友達を大いに羨ましがらせた。

母の姚仲千氏　1929年5月撮影　　少女時代の屠呦呦氏

生物が得意な高校生

　1948年、2年間の療養により病から回復した呦呦氏は、18歳の時、寧波の私立効実高校で学業を再開した。この高校は父親もかつて学んだ学校であった。
　この名門中学は、清末民初の物理学者何育傑や葉秉良（ようへいりょう）、陳訓正、銭保杭など著名な科学者が、地元の実業家であ

る李鏡第と共同で1912年2月に創立した学校で、個々人の適正を重んじる教育を旨としていた。

　1917年にはすでに、効実高校の名声は大いに高まっていた。上海の名門復旦大学や聖ヨハネ大学と契約を結び、効実高校の卒業生であれば試験を免除され、直接入学できるようになっていた。

　呦呦氏には相応の学力があるとの判断で、入学が許された。1948年2月、高校は抗日戦争の戦火をくぐりぬけて、まだ3年と経っていなかった。1941年4月の寧波陥落から1945年10月25日まで、学校はずっと閉鎖されていた。このため、学校が再開された10月25日は、後に記念日となった。

効実中学中山庁

「忠信篤敬」を校訓とするこの高校は、名高い院士[3]を数多く輩出している。この点は、天津の南開高校、北京の第四高校、匯文（かいぶん）高校と非常によく似ている。

　このような名門高校ではあったが、呦呦氏の成績はそれほど抜きんでたものではなかった。当時の成績表には各教科の平均点が次のように記されている。国語71.25点、英語71.5点、数学70.0点、生物80.5点、化学67.5点。

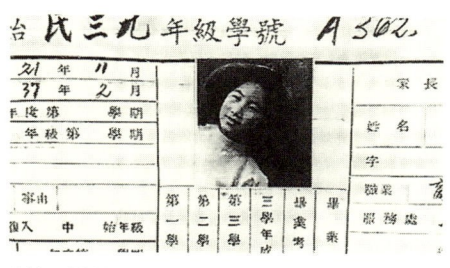

高校の学籍簿

　生物の成績の良さが目立っているのは、その授業が大好きだったからである。生物の教師の話にはいつも熱心に耳を傾けた。ある時、先生が冗談半分に、「もし皆さんが呦呦さんのように一生懸命授業を聞いて、質問してくれるのであれば、私はもっと忙しくなってもかまいませんよ」と言ったこともある。彼女自身は「当時の私はもの静かで、活発ではありませんでした」と振り返る。同級生の陳効中氏は「本当に普通の子でしたよ。着ているものもあまり目立たなかったし、人目を引くようなことはなにもなく、静かな子でした」と語る。

　効実高校では、呦呦氏にとって、勉強のほかにもう一つ大きな出来事があった。1歳下の李廷釗氏と同じクラスになったことである。当時クラスではほとんど話をしなかった2人が、後に夫婦になるとは思いもよらないことであった。

　1950年3月、呦呦氏は寧波高校の3年生に転入した。これが寧波での学校生活の最後の1年となった。担任の徐季子先生は、このあまり目立たない女子生徒に励ましの言葉を書いてい
る。「静けさに安住するだけでなく、嵐に立ち向かう勇気を持ちましょう」

　注意に値するのは、屠呦呦氏と同じ1951年の寧波高校卒業生には優れた人材が多いことで、その中には、北京大学元常務副校長の王義遒（おうぎしゅう）氏、中国科学院院士の石鐘慈氏、著名な学者で出版家の傅璇琮（ふせんそう）氏などがいる。

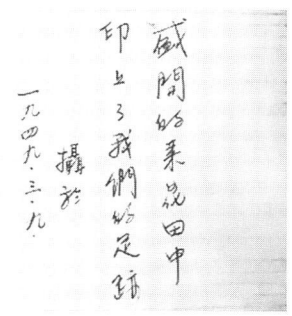

1949年3月9日、屠呦呦氏と学友の野外記念写真。写真の裏側には「咲き誇る菜の花畑に我々の足跡を残した」と書かれている

1951年夏、高校を卒業した彼女は、学業を続けたいと考え、大学進学がおのずと新しい目標となった。

いつも自分の考えをしっかり持っていた呦呦氏は、志願表に北京大学医学部薬学科志望と書いた。当時、薬学科を設けている大学がほとんどなかった中で、北京大学医学部の薬学科は特に難関であった。医学の家系の出身ではない彼女にとって、この選択はかなり特別なものであったが、かつて肺結核を患った経験は、彼女に医学に対するあこがれを抱かせるようになっていた。彼女にとって薬学は病気を治す主な手立てであった。

当時の入試は、全国を東北、華北、西北、華東、中南、西南の6つに分け、同一地域の大学が共同で募集をする方法であった。北京大学、清華大学などの有名大学はすべて華北地域に属していた。

規定では、浙江省の呦呦氏が華北地域の大学を志望した場合、省都である杭州まで行き試験を受ける必要があった。まだ21歳にも満たない呦呦氏は、故郷の寧波を離れ、浙江大学での3日にもわたる入学試験を乗り切った。

華北地域の大学の合格者名簿は『人民日報』や『光明日報』などの新聞に載ることになっていた。合格発表を待つ間、他の用事がなければこれらの新聞を見に行くのが日課となった。

1951年の夏の終わり頃、ついに北京大学からの合格通知書を受け取った彼女は早速上京した。本格的な学究人生が始まろうとしていた。

　女性である自分があの時代に高校から大学に進学でき
たのを、彼女は幸運に思い、感謝している。熱気あふれ
る社会主義建設が始まっており、女性が家を飛び出し、
才智を発揮できるチャンスが訪れつつあった。また、建
国間もない中国における女性の大学入学は、女性が国の
発展の一翼を担う存在であることを証明していた。

[訳注]
①紀元前5000年頃中国の長江以南に存在した新石器時代の文化。
②中国の史学学派、明清時代に浙江省を中心に栄えた。
③科学技術界の最高称号。中国科学院、中国工程院の2つの院士がある。

第二章 医学への志

TU YOU YOU

The First Female Scientist of China
Who Won the Nobel Prize

北京大学での勉学

　中華人民共和国が誕生して3年目の1951年、屠呦呦氏はめでたく北京大学薬学科に入学した。

　1950年代の北京大学医学部は、千年の古都にあって、西洋的雰囲気に満ちあふれたところであった。北京市西城区にある西什庫天主堂近くのキャンパスは、昔の皇族の邸宅群に取り囲まれてはいたが、学生たちが毎日仰ぎ見るのは西欧の典型的なゴシック建築であった。現在は北京大学口腔医院第一外来診察部になっているところである。在学中、学生たちの実験室と宿舎は近くの菜園通り13号にあった。

　当時の同級生で北京衛生職業学院初の主任薬剤師周仕錕（しゅうしこん）氏は次のように回顧する。クラスは入学年によって分けられており、呦呦氏らは薬学科8組、70 ～ 80人のクラスであった。氏と同い年の周仕錕氏は、クラスの中では年齢が高い方であり、彼らより3歳年下のものもいた。

　大学4年になると、進路によってクラスは薬物検査、薬物化学、生薬学の3つの専門に分かれた。薬物化学を選択した者が最も多く40人あまり、生薬学を選択したものが最も少ない12人であり、その内の一人が呦呦氏であった。

　生薬は英語でcrude drugであり、純天然のもので加工がされていないか、あるいは簡単な加工のみが施された植物性、動物性、鉱物性の中国医薬のことである。屠

呦呦氏と同じ専攻で、中国医学科学院薬物研究所研究員
だった王慕鄒氏によると、当時、生薬学専攻の卒業生は
研究を続ける者が多く、一方薬物化学専攻は全国各地の
大手製薬会社に進む者が多かった。

1952年、北京大学のバッジをつけた屠呦呦氏

　専攻が分かれた後も、いくつかの専門課程は基本的に
一緒に授業を受けた。ただ、それぞれ重点が異なり、生
薬学専攻の呦呦氏には、生薬学課程の時間がその他の専
攻よりも多く組まれていた。主な内容は中国原産の生薬
の分類と見分け方および顕微鏡を使った内部組織の観察
などであった。
　当時、北京大学で生薬学の講義を開設したのは楼之芩
教授であった。1951年にイギリス留学から帰国したば
かりの博士であり、生薬学専攻のたった一人の教授であ
った。後に、中国薬学会の理事長を務めた現代生薬学の
パイオニアの一人である。

当時、薬学科のその他の主な専門講義には、薬物化学と植物化学があった。植物化学はアメリカ留学から帰国した林啓寿教授により開設された。主な講義内容は、植物から有効成分を分離する技術、化学的性質の研究、化学構造の分析、化学分析法とその研究の記録などであり、有効成分を抽出する際の抽出溶媒の選択法なども含まれていた。

生薬学の講義で学んだ基礎と、植物化学の講義で学んだ技術は、その後の屠呦呦氏の仕事における2本の柱となった。

建国（1949年）直後は、あらゆるものが再建を要し、医師や薬が不足し、専門分野での人材不足も深刻であった。国は能力のある医学、薬学の人材を数多く必要としていた。このため、多くの若者が医療の分野を志望した。中でも、薬学科の薬物化学専攻に応募が集中した。しか

し、若い呦呦氏が興味があったのは不人気な専攻分野の生薬学だったので、流行に惑わされることなく生薬学を選択し、生涯取り組んだ。後になって、当時の選択を後悔していないかと聞かれると、これが最も賢明な選択であり、初志は変わらない、と決まって答えた。

1954年、大学生の頃。天安門前の記念写真

1995年9月、北京医学部薬学科の集合写真。最後列左から7番目が呦呦氏。写真に写っている主な教師、3列左から9番目が林啓寿氏（植物化学）、10番目が楼之芩氏（生薬学）、11番目が蒋明謙氏（有機化学）、12番目が薛愚氏（薬物化学）、13番目が王序氏（有機化学）

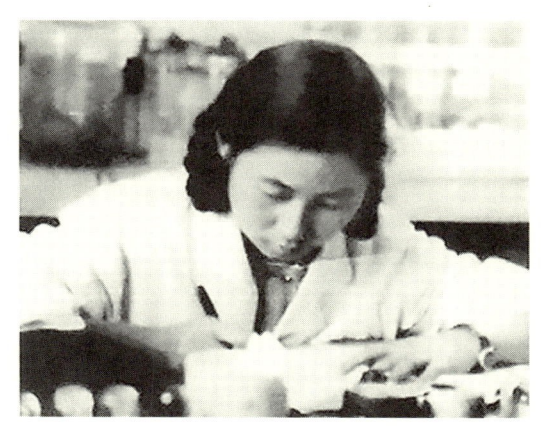

1955年、衛生部中医研究院（現在の中国中医科学院）に配属され、仕事を始めた

研究実習員の恋

　氏は4年間懸命に勉学に励み、1955年、大学を卒業した。

　あらゆるものが復興途上にあったこの年、中医研究院の設立準備が始まっていた。この学術機関は国の衛生部に直属しており、現在では中国中医科学院と改称されている。各地から引き抜かれたベテランの中医師（中国医薬の医師）が北京に駆け付け、研究力を充実させていた。大学を卒業したばかりで若い力に満ちあふれていた呦呦氏は、中医研究院中薬研究所に配属された。

　仕事についたばかりの頃は主に生薬学の研究に従事し

た。1956年、全国的に住血吸虫症対策が関心の的となっていた。呦呦氏は大学の恩師楼之芩氏と共同で半辺蓮（ハンペンレン）の生薬学的研究を行った。1958年、この研究成果は、人民衛生出版社から出版された『中薬鑑定参考資料』に収録された。

1950年代、当時の副教授楼之芩氏が中薬研究所で研究実習員の呦呦氏を指導しているところ

　その後、呦呦氏は品種が複雑な銀柴胡（ギンサイコ）の生薬学的研究をなしとげた。これは1959年『中薬誌』に収録された。この2つの研究は、彼女が大学で学んだ専門分野であった。
　他の学者もそうであるように、氏は日常の暮らしでは極めておおざっぱであり、身の回りのことは構わず、研究に没頭した。ある時、彼女の身分証明書が見当たらな

くなり、同僚たちが一緒になって探したことがあった。彼女の箱を開けると、中はぐちゃぐちゃで、これを見た同僚たちはからかい半分に言った。「あんな片付けかたをするなんて、本当に女の子とは思えないね」

　身の回りのこまごましたことがきちんとできない彼女は、今でも、「相変わらず家事は苦手ですね。結婚後、買い物などはほとんどうちの李さんがやってくれています」と言う。「うちの李さん」とは夫の李廷釗氏だ。

1957年当時

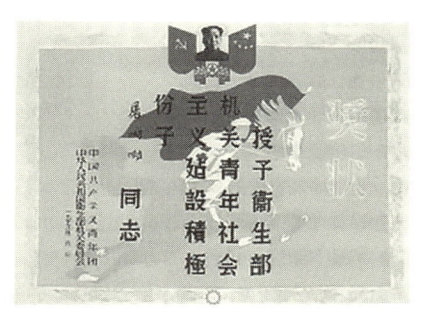

1958年、衛生部から受けた表彰状

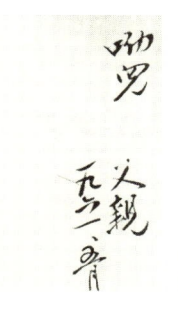

1961年、父の屠濂規氏が娘に贈った写真（表と裏）

　李廷釗氏は1931年9月寧波生まれ、呦呦氏とは同郷であり、しかも効実高校の同窓であった。1951年、効実高校を卒業した李廷釗氏は、北京外国語学校で外国語を学んだ。時に朝鮮戦争の真っ只中であり、彼はクラスの仲間たちと一緒に戦場に行くことを望んだ。これが周恩来総理の耳に入った時、周総理は「戦場に行ってはならない。国は優れた人材を多く必要としている。君たちは引き続き勉学に励むべきである」と言った。このため、彼は農業大学の補習クラスに通うことにした。当時彼が志望していた大学は、北京工業学院と清華大学であり、1952年、希望通り北京工業学院に入った。在学中、成績は極めて優秀であり、クラス長をも務めた。1954年〜1960年、ソ連レニングラード工学院に留学し、修士の学位を取得した。帰国後、黒竜江省チチハルにある北満製鉄所に配属された。次に、安徽省の馬鞍山製鉄所（1961年〜1964年）、北京鉄鋼学院（1964年〜1976年）および冶金部などで働いた。実務、科学研究から工場管理まで、彼の人生は鉄鋼と縁が切れなかった。

1962年、「西洋医のための中国医薬コース」を受講していた時の屠呦呦氏

馬鞍山製鉄所に勤めていた時、李廷釗氏の姉がちょうど北京で働いていた。同郷人であるため、呦呦氏は彼の姉としばしば顔を合わせていた。彼が馬鞍山から北京の姉を訪ねると、昔のクラスメートの呦呦氏とよく顔を合わせる機会があった。姉は2人の気持ちを察し、橋渡し役を買って出た。行き来をしているうちに若い2人の心は一つになっていった。北京で再会して2年後の1963年、2人はめでたく夫婦となった。

　ある友達が冗談交じりにこう言った。「2人の結婚は、伝統（中国医薬）と現代（鉄鋼）の融合だ」

　大学で同級生だった王慕鄒氏の妻もまた呦呦氏となじみであり、氏についてこう評した。「彼女は家事が苦手なため、家の中のことは全てご主人がやっていた。普通の女性とは興味が全く違っていた。彼女は視野が広く、全精力を仕事に注ぎ込んだ」

　家の中の役割は違うとはいえ、結婚後の2人は「国への献身」という一言で言い表せる。

　「私たちの役目とは国のために一生懸命働くことでした。そのためには子どもを放り出してでも駆けつけまし

1965年夏、長女を出産

た」。昔の思い出を語る呦呦氏は、淡々として見える。彼女は海南島に派遣され、夫はソ連で冶金を学んだ経歴から五七幹部学校に行かなければならなかった。2人はやむなく4歳にも満たない長女を24時間制の託児所に預け、次女は寧波の父母のところで面倒を見て貰った。長い間分かれて過ごしたため、長女を迎えに行った時も、パパママと呼んでくれなかった。

「523計画」のため、氏は次女を寧波の実家にあずけ、面倒を見て貰った。1974年春の写真

1996年家族写真。左から次女の李軍氏、屠呦呦氏、李廷釗氏、長女の李敏氏

次女の李軍氏は、母親に対するはっきりとした記憶が
あるのは、3歳を過ぎてからだと語る。

　次女を寧波の父母の家に預けて何年かたった頃、呦呦
氏は忙しい研究の仕事からわずかな時間をやりくりし、
片時も忘れたことがない娘に会いに行った。その日少女
は、路地の入口の方から、荷物を携えて、速足で歩いて
くる女の人の姿を目にした。両手を広げ、「軍ちゃん、
軍ちゃん……」と何度も自分の名前を呼んでいる。

　少女は思わず何歩か後ずさりをした。その時、彼女の
頭には、母の記憶はすでになくなっており、目の前のこ
の疲れた顔をした女性が、何度も思い描いてみた母親だ
とは分からなかった。李軍氏は今になっても、あの時母
がどうして自分の顔がわかったのか不思議に思う。

　その後もずっと、母娘は3、4年に一度しか会えなか
った。娘には、母がなぜ家庭を顧みず、子どもの面倒さ
えも見ずに研究に没頭するのか理解できなかった。

　何度顔を合わせてもよそよそしい娘の態度に、呦呦氏
は自分の当初の選択に内心自信がなくなる時もあった。
「娘たちは大きくなってからも、北京で暮らす我々と一
緒に生活するのは嫌だと思ったこともあるようです」。
随分年月が過ぎ去った今でも、彼女の心には悔いが残る
ようであった。

　夫婦は今、娘や孫の写真に囲まれて暮らしている。今
から見ると、2人のかつての選択は愛情に欠けるもので
あったように見える。がしかし、そういう時代だったの
であり、致し方のない選択であった。

中医師のもとでの修行

　就職して4年後の1959年、氏はいったん仕事を離れ、国の衛生部が主管する「西洋医のための中国医薬コース」の第3期生として、中国医薬の体系的な学習を始めた。

　氏にとっては、ここでの学びもまた後のアルテミシニン発見へと繋がるインスピレーションのもととなったのである。

　1950年から1960年代の中国医薬界では、中医師は西洋医学を学ぶべきだとする風潮があった。

　これに対し、1954年、毛沢東主席は将来を見据えて「西洋医も中国医薬を学ぶこと」という号令をかけ、中国医薬と西洋医学の融合を唱えた。その主旨はお互いの長所を取り入れて、両者のさらに上をいく新しい医学を創り上げ、国の建設に役立てようというものであった。具体案としては、医科大学および医学院の卒業生から100人～ 200人を選び、著名な中医師のもとで学ばせるというものだった。学習、教育、レベルアップを通じて、中国医薬と西洋医学の垣根を取り払い、中国の真の医学を創り上げ、世界に貢献しようとするものである。

　毛主席の考える「中国医薬と西洋医学の融合」とは即ち、西洋医学を通じて中国医薬を学び、中医師は現代の科学技術を学び、互いの医学が協力しあうことであり、現代科学技術によってわが国伝統の医学を発揚すれば、中国ならではの医薬学の道が開けるとするものだった。

1958年10月11日、衛生部が「西洋医のための中国医薬コースに関する総括報告書」を中央に提出した。毛主席はこれに「中国医薬学は偉大な宝の山、発掘に努め、レベルアップを図ること」という、有名な指示コメントを書き込んだ。これは、主席が中国医薬を伝統文化が残してくれた貴重な財産と認めているだけでなく、その実用的価値の発掘が大事だと考えていることを示している。

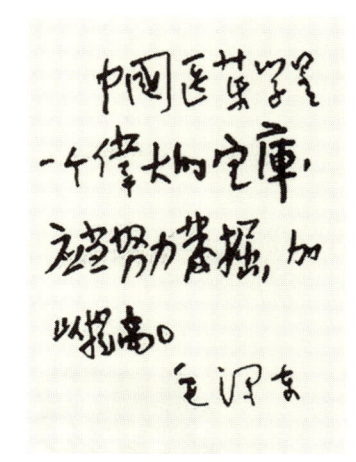

1958年10月、毛沢東自筆の指示。「中国医薬学は偉大な宝の山、発掘に努めレベルアップを図ること」

　それから間もなく、「中国医薬と西洋医学の融合」プロジェクトが立ち上げられた。

　毛主席は1958年10月11日の中国医薬に関する重要指示の中で、特にこう言及した。「1958年に各省、市、自治区がそれぞれ70人から80人の「西洋医のための中国医薬2年コース」を開講すれば、1960年の冬か1961年の春には、約2000人の人材が育つ。その中からは、何人かの優れた理論家も出てくるであろう」

　1960年の統計資料によると、「西洋医のための中国医薬コース」は全国に37、受講者は2300人あまりであり、

西洋医師として働きながら中国医薬を学んでいる者も3万6000人以上いた（「西洋医のための中国医薬コース」は仕事を中断して受講するもの）。また、高・中級医薬教育機関の多くも中国医薬の課程を開設し、数多くの人材を養成した。そのうち大半が、中国医薬または中西融合医学のプロや研究者として活躍している。

　1959年、屠呦呦氏は自ら進んで中医研究院の「西洋医のための中国医薬コース」の3期生となった。仕事の現場を離れての2年半の学習で、彼女は理論と知識を学んだだけでなく、臨床学習も行った。

　　コースでは製薬メーカー内でベテランの薬職人について学ぶとともに、北京市の生薬炮製セミナーに参加し、生薬の品種や真贋の見分け方、炮製技術を実践的に体得していった。

　炮製とは中国独自の生薬加工技術の総称である。生薬は、性質、調剤、製剤、臨床の必要性に応じ、様々な加工を経て初めて薬となる。即ち、洗浄、切製（切って表面積を広くする）、炮炙（炒りながら酒などの媒液を染み込ませる）などにより、毒性や副作用を低減・除去し、生薬の性質を変えたり緩和したりしてその治療効果を高めるのである。

　コース終了後、氏は衛生部が指示した生薬炮製の研究に参加し、『中薬炮製経験集成』という本の編纂に関わった。この本は各省・市の炮製技術を幅広く収集し、関連文献を系統的に整理したものであった。

　この画期的な研修のおかげで、氏は中国医薬と西洋医

学両方の医学書を読みこなし、それぞれの歴史と理念の違いを理解し、伝統医学と最先端の生物医学とを結びつける力を身につけた。かつて毛主席が、「その中からは、何人かの優れた理論家も出てくるであろう」と展望した、まさにその一人となったのであり、この研修は、後のアルテミシニン研究の土台ともなった。

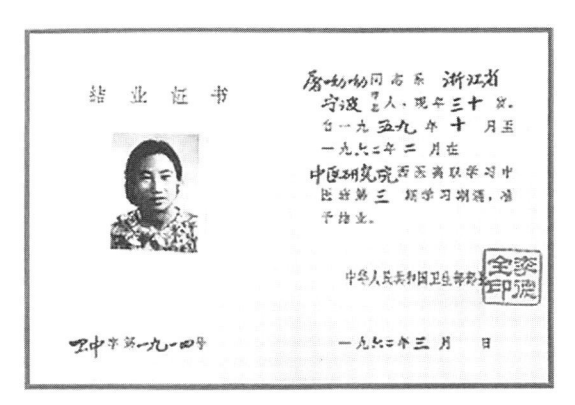

「西洋医のための中国医薬コース」修了証明書。1962 年

1960年、中医研究院の「西洋医のための中国医薬コース」第3期卒業生の記念写真。2列左から6人目が屠呦呦氏。前列右から8人目が中医臨床医の蒲輔周氏、前列右から10人目が中医整骨の杜自明氏、前列左から10人目が当時中医研究院副院長の高台年氏、前列左端は中医の大家唐由之氏、4列右から10人目が薬性理論の高暁山氏

45

第三章 神秘の薬草

TU YOU YOU

The First Female Scientist of China
Who Won the Nobel Prize

極秘の国家プロジェクト

　1969年1月21日、氏は研究人生における重要なターニングポイントを迎えた。国が総力をあげて推進する一大国家プロジェクト、全国「523計画」について初めて耳にした日である。

　「523計画」のオフィス責任者が中医研究院をわざわざ訪ねてきて言った。「中国医薬によるマラリア治療について、私たちは色々な事をして来ました。流行地域の調査、秘伝の処方の収集と検証など、一定の効果が見られるものもありましたが、満足のいくものではありませんでした。用法や製剤などで問題があったのです。様々な処方を手に入れましたが、その多くはたくさんの薬を調合する処方でしたので、どうすればよいのか分かりませんでした。どの処方が良いのか、効果があるのはどの物質なのか……。私たちは経験も技術も足りません。皆さんにこのプロジェクトに協力していただきたいのです」

　中国の民間では、マラリアは俗に「おこり」と呼ばれ、今ではほとんど見られなくなっている。多くの人のマラリアに関する知識は、昔の映画やテレビ、戯曲、文学作品などによるもので、体を焼くような高熱と、氷穴に落ち込んだかのような悪寒の繰り返し……といったものである。

　マラリアは軍隊からすると姿の見えない刺客であり、

古今東西の戦争史には、マラリアの流行によって兵士の数が激減し、軍事行動が失敗した例がしばしば記載されている。

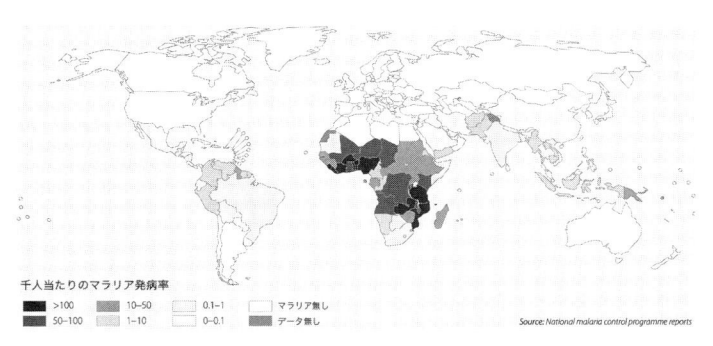

千人当たりのマラリア発病率

>100	10–50	0.1–1	マラリア無し
50–100	1–10	0–0.1	データ無し

Source: National malaria control programme reports

2013年マラリアに感染している国と地域

　人類とマラリアの戦いの歴史で、最初に最も効果があるとされた薬剤は、キナの木からとれるものである。19世紀、フランスの化学者がキナの樹皮から抗マラリア成分のキニーネを抽出した。その後、第二次大戦中に、キニーネの代替物、クロロキンが発明された。クロロキンは一時、抗マラリアの特効薬とされた。

　しかし、マラリアを引き起こすマラリア原虫がキニーネによって制圧されてから200年、マラリア原虫は強い薬剤耐性を発揮し始めた。特に1960年代に入って、マラリアは再び東南アジアで猛威を振るいはじめ、ほとんど制御不能になるまで蔓延した。

　まさにこの時アメリカが、第二次大戦後最多の参戦者

数で世界的に甚大な影響を及ぼしたベトナム戦争を開始した。戦況が激しくなるにつれて、アメリカ、ベトナム双方の死傷者数も急増していった。

　ほどなく、ベトナムの戦場には、銃弾や爆弾よりも恐ろしい敵、薬剤耐性を持った熱帯熱マラリアが現れた。両軍はアジアの熱帯雨林で悪戦苦闘していた。マラリアは敵も味方も関係なく、軍を狂ったように襲った。関係資料によると、1964年アメリカ軍のマラリアによる兵士の損失数は戦闘による損失数の5～6倍にあたり、1965年のベトナム駐留米軍のマラリア発症率は50％にも達した。ハノイ衛生局の統計によると、ベトナム人民軍の1961年～1968年の傷病者比率は、1968年の1月～3月期以外は、病人の数が負傷者の数を大きく上回っており、病人の大多数はマラリア患者であった。

　ベトナムは熱帯にあり、山岳が縦横にはしり、ジャングルが密集し、気候は高温多湿、蚊が年中発

キナの木

ベトナム戦争でマラリアの脅威にさらされる兵士

50

生し、元々マラリアが年中流行する地域であった。当時の抗マラリア薬のクロロキンやクロロキン系薬剤は、ベトナムで流行しているマラリアには基本的に効かなくなっていた。

　マラリアの脅威に対抗できるかどうかが、ベトナム戦場におけるアメリカ、ベトナム双方の「勝負手」にさえなっていた。

　アメリカはこの難題を解決するために、専門にマラリア委員会を立ち上げ、研究費を大量につぎ込み、数十の機関を動員し、研究を進めた。1972年まで、アメリカウォルター・リード陸軍研究所は、21万4000種の化合物をスクリーニングしたものの、理想的な化学構造の薬は見つからなかった。

1965年、長沙においてベトナム共産党総書記のホーチミン氏と会見する毛主席

ベトナム共産党のホーチミン総書記は、同じ社会主義陣営に属する隣国の中国を訪れ、毛主席に抗マラリア薬開発とその製造方法の支援を要請した。

　革命戦争期にマラリアに感染し、その害をよく知っていた毛主席は、「あなた方の問題の解決は、私たちの問題の解決でもあります」と答えた。

　ベトナム共産党からの要請を受け、毛主席と周恩来総理は、「関係部門は、熱帯地域で部隊がマラリアに侵され、戦力が大きく減退し、軍事行動に影響が出ていることを緊急の対外援助、軍備計画としてプロジェクト化せよ」と指示した。これにより、抗マラリア新薬の研究開発が軍の医薬科学技術従事者の重要な政治的任務となり、1964年から研究が始められた。1966年、軍事医学科学院微生物流行病研究所と毒理薬理研究所の専門家らが開発したマラリア予防薬1号、2号は、効果持続期間を従来の1週間から10日ないし2週間に延長した。

　しかし、熱帯熱マラリアの予防・治療薬を提供するという緊急性と重大性を考えると、軍の研究能力だけで短期間にこの任務を全うするのは極めて難しかった。国内のより多くの研究能力を動員し、軍民が一体となることが必要である。このため、人民解放軍軍事医学科学院は、3カ年研究計画案を起草し、人民解放軍後方勤務本部のもと、国家衛生部、化学工業部、国防科学技術工業委員会、中国科学院、医薬工業総公司などを動員し、分担協力してこの任務に当たるための計画を示した。

　国家科学委員会と人民解放軍後方勤務本部は、1967

年5月23日、関係部門を北京に招集して「マラリア予防・治療薬研究協力会議」を開催し、3カ年研究計画を正式に採用した。

　こうして、抗マラリア新薬の研究開発の幕が切って落とされた。

　これは対外援助と軍備のための緊急極秘プロジェクトであったため、会議開催日の日付をとって「523計画」と呼ばれた。

　「523計画」という名は、屠呦呦氏のノーベル賞受賞が報じられると、ほぼ一夜のうちに知れ渡った。多くの人が「523」とアルテミシニン研究を同じものと考えた。しかし実際には、この極秘プロジェクトはマラリア撲滅のためのあらゆる分野をカバーするもので、アルテミシニンの研究だけではなかった。なおかつ、これは全国の多くの省・市と業界にまたがって展開されたのである。

　建国以降のわが国のマラリア対策は、4つの段階に分けられる。1950年代が第1段階で、発病率を重点的に調査し、引き下げた段階。1960年代と1970年代が第2段階で、感染をコントロールした段階。1980年代と1990年代が第3段階で、マラリア撲滅の段階。2000年以降の第4段階は、マラリアのない世界を揺るぎないものにする段階である。

　「523計画」は第2段階に属する。この計画は、ベトナム戦争のためだけではなかった。1950年代、政府は「少数民族地域のマラリア対策構想」や「マラリア予防・治療計画」などを次々と策定し、衛生隊、防疫隊、医療隊

をマラリア流行地域に送りこんだ。また、マラリア予防・治療所を設立し、研究活動や医療従事者の養成などを行った。このほか、専門チーム養成のための訓練クラスを開設した。こういった一連の施策によって、わが国のマラリア対策は組織的なものとなり、1万人当たりの発病率は1955年の102.8人から、1958年には21.6人まで下がった。

　しかし、政治、経済、自然環境などの要因により、1960年代初めと1970年代の初めには、マラリアが再度広い範囲で発生し、全国の発病者数は1000万人から2000万人にも達した。1960年と1970年の全国平均発病率は、それぞれ1万人当たり155.4人、296.1人にもなり、特に1970年は建国後最悪となった。

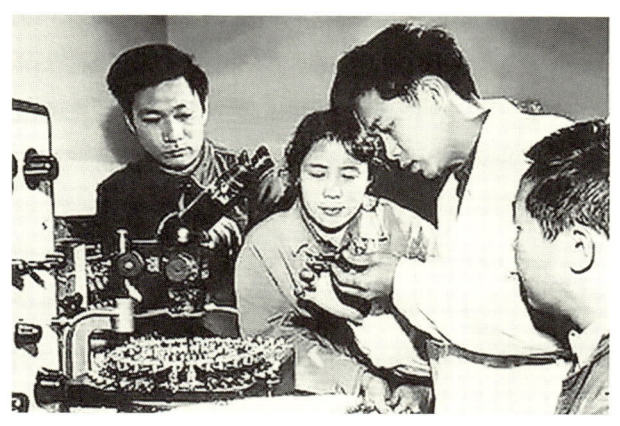

「523」研究チームメンバーが研究を行っているところ

「あなた方の問題の解決は、私たちの問題の解決でもあります」という毛主席の言葉通り、当時、マラリアの問題はすでに「内憂外患」であり、解決を要する事態となっていたのである。

「523計画」の任務は、極めて明確であった。軍民が協力してマラリアに対抗する薬を開発すること、治療薬は優れた効き目で即効性があり、予防薬は長く効果があることであった。

その後、7つの省と市で抗マラリア薬の全面的調査とスクリーニングが行われた。1969年までに化合物と、青蒿を含む薬草、合わせて1万以上について実施されたが、なかなか理想的な結果は得られなかった。

研究チームのリーダー

「523計画」に参画するよう要請を受けて、中医研究院はいささか困惑した。

当時の中医研究所は「文化大革命」の被害が大きく、研究がほとんど止まっており、経験豊かなベテラン専門家の多くが窓際に追いやられていた。

この重要な任務を誰に任せればいいのか。

屠呦呦氏しかいない。研究実習員という職位ではあるものの、中薬研究所に来てすでに14年たっており、研究者としてすでに中堅である。しかも、中国医薬と西洋医学、両方の基礎があり、ちょうどその時も植物から有

55

効な化学成分を抽出する研究に力を入れていた。

当時の中薬研究所の状況からして、まさに打って付けの人材であった。20代のころから共に仕事をした中薬研究所の元所長姜廷良氏は、「この人選の理由は、彼女の中国医薬と西洋医学に対するしっかりした知識と、同僚たちも認める研究能力にあった」と語る。

1969年1月から、中薬研究所内には、膨大な歴代の医学書をひもとき、ベテランの中医師を尋ねて真剣に話を聞き、多くの人々からの手紙を残らず開いて目を通す忙しい姿があった。

39歳の屠呦呦氏であった。研究チームのリーダーに任命され、彼女は本格的に抗マラリアの道を歩み始めた。

とは言え、「523計画」がこれによって大きく進展し始めるとは、当時誰も考えていなかった。

研究チームとは言え名ばかりで、当初はいわば「部下のいない司令官」であった彼女は、たった一人で薬を探す旅に出たのだった。

氏は本草（中国古来の生薬）の研究から着手し、歴代の医書を広く収集・整理し、民間療法を調べ、ベテランの中医師に教えを乞うた。わずか3カ月ばかりで、内服、外用、植物、動物、鉱物などの2,000種余りの生薬を収集し、これをベースにして640の生薬を精選し、『マラリア単秘験方集』を編集し、1969年4月、「523計画」のオフィスに提出し、関係部門にも参考用に送付し始めた。

その中に、実は後にアルテミシニンを抽出することになるクソニンジンも含まれていた。

　しかし、第1巡目のスクリーニング試験において、クソニンジンは特に注目する対象にはならなかった。当時は、フェブリフギンの副作用である嘔吐を調合によって解決しようというところに、氏の仕事の重点が置かれていた。彼女は嘔吐を止める効能がある生薬をフェブリフギンと調合し、鳩と猫に与える薬理実験を行った。しかし、最も良い配合でも、鳩の嘔吐モデルに多少効果があったものの、猫の嘔吐モデルには効き目がなかった。

　1969年5月から、氏は生薬の水抽出物とエタノール抽出物を軍事医学科学院に送り、抗マラリア性があるかどうか確認を行った。6月末までに送った50あまりのサンプルのうち胡椒抽出物のねずみマラリアモデルへの原虫抑制率が84％に達した。これは十分勇気付けられる数字であった。しかし、その後さらに研究してみると、思い通りにはいかないことが分かった。胡椒はマラリアの症状改善には効果があるものの、原虫抑制の効果は期待外れだった。

　1969年7月、「523計画」チームが海南島のマラリア感染現場に行く季節となり、中薬研究所には3人の派遣要請があった。上半期に選別したサンプルの中で、ねずみマラリアに対する抑制率が高かった胡椒、および唐辛子とミョウバンの混合物について、臨床治療効果を観察するよう指示が出された。

　この時、中薬研究所は屠呦呦氏等3人を海南島に派遣した。そこでの臨床検査の結果、胡椒や唐辛子とミョウバンの混合物など様々なサンプルは、ねずみマラリアに

対する抑制率が80％以上あるものの、マラリアの症状を改善できるだけであって、マラリア原虫を陰性にすることはできないと判明した。

任務が終了して後、氏は広東省「523」オフィスから「優秀隊員」として表彰された。

1970年、研究チームは、胡椒の研究を深めることに引き続き主な精力を注いでいた。2月から9月にかけて、胡椒などの各種抽出物と混合物のサンプル120種以上を中国軍事医学科学院に送り、活性を測定してもらった。その結果、胡椒は分離抽出後でも活性が高まらず、成分の比率を調整すれば活性が高まるものの、クロロキンに

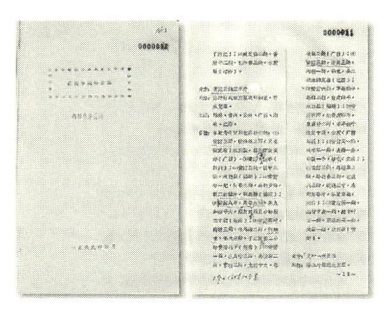

1969年4月、『マラリア単秘験方集』の表紙とその中の青蒿に関する記述

1969年、海南島昌江マラリア感染区で

1969年、氏が「523」オフィスから受けた「優秀隊員」の賞状

は遠く及ばないと判明した。

　1971年の広州会議では、「523計画」で引き続き中国医薬の手法を堅持する方針が再確認された。研究チームは4人に増員され、氏は3人のメンバーを率いるチームリーダーとなった。

　1971年9月初め、100種の生薬からの水抽出物およびアルコール抽出物サンプル計200種あまりのスクリーニングを行ったが、予想に反し、結果は残念なものであった。

　マラリア原虫に対する抑制率が最も高いものでも40％程度しかなかったのである。

　古書の記載を信じるのは間違いなのだろうか。
　実験方法が良くないのであろうか。
　中国医薬という森の中で、このまま道を見失ってしまうのだろうか。

サンプル191

　「もう一度徹底的に医書を調べなおしてみよう」。氏の意地と執念がメンバーを動かした。『神農本草経』から『聖済総録』（北宋）、さらに『温病条辨』（清代）……厚く積まれた医書が何度も何度も開かれて本の角が潰れるほどになっていた。

　これまであまり注目されなかった、クソニンジンとい

う目立たないキク科の植物が一躍注目されるようになったのは、氏が水やアルコールに替えて、沸点34.6℃のエーテルで抽出物を得ようと思い立ったことによる。

　すなわち、鍵は温度にあったのである。

　クソニンジンを指すと思われる「青蒿」という生薬の使用は、すでに2000年以上の歴史がある。最も古いものでは、馬王堆3号漢墓から出土した『五十二病方』に見られ、その後の『神農本草経』などにも記載がある。青蒿によるマラリア治療については、西暦340年東晋の葛洪が著した『肘後備急方』に始まり、その後宋代の『聖済総録』、元代の『丹渓心法』、明代の『普済方』などの書に「青蒿湯（煎じ薬）」「青蒿丸（丸薬）」「青蒿散（粉薬）」といった記述がある。明の李時珍は

現存する最古の中医学書『神農本草経』には青蒿で病気を治したという記述がある

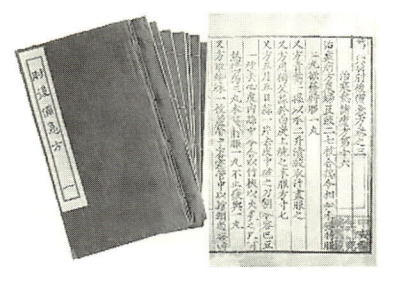

青蒿によるマラリア治療は東晋葛洪の『肘後備急方』に初めて登場する

『本草綱目』の中で、先人の治療例を収録するほか、マラリアの熱や悪寒の治療法も記述している。清代の『温病条辨』『本草備要』および民間にも青蒿によるマラリア治療例がある。

　文献を何度も読み返すうちに、『肘後備急方』の青蒿についての記述から、氏は新しいインスピレーションを得た。

　この時の様子は次のようなものだ。ある日の明け方か深夜、葛洪の『肘後備急方』を読んでいた彼女ははっとした。この書物には「青蒿ひと握りを水2升にひたし、その汁を絞り服用する」と記されていたのだ。

　しかし、実際の実験は複雑かつ煩雑であった。氏は2009年に出した専門書『クソニンジンおよびアルテミシニン系薬剤』の中で、当時の一連の実験に触れている。

　「分離して得られたアルテミシニン単体は、水を加えて30分煮沸しても抗マラリア薬効は安定している。つまり、粗抽出時、生薬中のある物質と共存している時のみ、高温によりアルテミシニンの抗マラリア薬効が破壊されることが分かる」

　古人はなぜ「汁を絞」ったのだろうか。これまでは基本的に、生薬は水で煎じるか、アルコールで抽出していた。しかし、結果は全て良くなかった。クソニンジンの有効成分は高温或いは酵素の影響を嫌うのであろうか。また、どのような状態で「汁」を絞り出すべきなのだろうか。枝葉がまだ軟らかい時にだけ汁を絞り出すということは、薬用部分や摘み取る季節が問題なのだろうか。

氏は研究方法を入念に練り直した。特に目をつけている生薬については、複数の案を考えた。たとえばクソニンジンについては、抽出温度を60℃以下に抑える、水、アルコール、エーテルなどのさまざまな溶剤を使って抽出する、茎と葉を分けてそれぞれ抽出するなどである。

生薬青蒿はキク科の植物黄花蒿（クソニンジンArtemisia annua L.）を指す

1971年9月から研究チームは新しい方法に沿って、過去にスクリーニングした重要生薬と数十種類の新しく選んだ生薬について昼夜兼行でスクリーニングと研究を進めた。

こうした不眠不休の日々のすえに、ついにクソニンジンエーテル抽出物に最も優れた効果があることが証明された。初めて目にする希望の光に、無数の失敗を重ねてきたチームは再び奮い立った。

抽出物の酸性の部分は毒性が強く、効き目がない。一方、後に残された中性の部分こそが抗マラリア活性の示すところであった。この重要な新発見に、氏は興奮を覚えた。

研究チームの一員であった鐘裕蓉氏は当時研究所内に住んでおり、実験室まで歩いて2分だった。夕食をとっ

た後もう一度実験室に戻り、皆で9時10時まで忙しく働いた日々が忘れられないと語った。

1971年10月初め、屠呦呦氏は研究チームのリーダーとして、フローチャートに基づき厳しくスクリーニングを行っていた。失敗はすでに190回にも及んでいた。

10月4日、多くの研究員が緊張した面持ちで、191番目のサンプルであるクソニンジンエーテル中性抽出物の最終実験結果を見つめていた。

マラリア原虫に対する抑制率が100％に達した。

結果が明らかになると、実験室全体が湧きたった。

抽出物は黒くのり状のものであった。最終的なアルテミシニンの結晶にはほど遠いものの、最後の鍵を探し当てたことに疑いはなかった。

自ら治験

本格的に臨床研究に入るには、まず大量のクソニンジンエーテル抽出物を作り、臨床前の毒性試験を行い、臨床観察用薬の調合をしなければならない。

短時間で大量のクソニンジン抽出物を取りだすのは容易ではなかった。文化大革命の間は業務がすべて止まっていたので、協力してくれる工場は皆無であった。

この胸突き八丁の時期、夫の李廷釗氏は妻の事が心配でならなかったと言う。「あの時、彼女の頭には研究しかありませんでした。帰宅後も全身からアルコールやエ

ーテルなど有機溶剤のにおいがしましたし、中毒性肝炎にもなりました」

屠呦呦氏の肝炎はエーテルなど有機溶剤の毒によるものであった。鐘裕蓉氏は当時の状況をこう振り返った。「研究チームは時間短縮のために、昔ながらの大きな水がめ7つを実験で一般に使われる抽出容器の代用にし、中薬研究所が新たに配置してくれた人も加わって、クソニンジンエーテル抽出物を大量に作り始めました」

「エーテルなど有機溶剤は人体に有害です。当時の設備や施設は粗末で、換気設備はおろか防護設備などあるはずもなく、ガーゼのマスクをするのが関の山でした」と中薬研究所の元所長姜廷良氏は語る。

日がたつうちに研究員たちには、めまい、目の腫れ、鼻血、皮膚アレルギーなどの症状が現れた。

このようにしてエーテル中性抽出物は準備されたが、続く前臨床試験で問題が起こった。一部の動物の病理切片に毒の副作用と疑われるものが出てきたのだ。

動物実験を繰り返しても、原因ははっきりとはしなかった。動物個体の問題なのか、薬の影響なのか。実験室では激しい議論が始まった。研究チームは、クソニンジン即ち青蒿は古書では毒性が強くないとされ、一部動物実験も行っており、大きな問題はないと考えていた。しかし、毒理や薬理が専門のメンバーたちは、安全性を確認しないうちに臨床試験を行うべきではないという考えをゆずらなかった。

「当時は本当に焦っていました。マラリアは季節があ

屠呦呦氏　　　倪慕雲氏　　　鐘裕蓉氏

崔淑蓮氏　　　郎林福氏　　　劉菊福氏

アルテミシニン発見時の研究チームの主要メンバー

中薬研究所で働いていた鐘裕蓉夫婦と子ども
の写真。夫の厳術常氏も屠呦呦氏の呼びかけ
に応じ、進んで治験に参加した

65

るので、その年の臨床観察の時期を逃したくなかったのです。もし逃せば、もう1年待たなければなりません」と氏は語る。

　191番サンプルの臨床試験をできるだけ早く行い、古代の用法を総合的に分析し、動物実験の結果とまとめようと考えた氏は、上司に治験志願書を提出した。

　「私はチームリーダーです。最初に治験を行う責任があります」　彼女の勇気は、多くの人を驚嘆させた。このメガネをかけた、おとなしそうな江南の女性にこんな度胸と気概があるとは、誰も思わなかった。

　「当時の環境でああいった事をするのは、極めて大きな困難が伴いました。科学者が自ら実験台になるのは献身の精神と言えるでしょう」と清華大学副学長の施一公氏は語る。

　「あの時代は、こういった精神を特に必要としたのです」と姜廷良氏は回顧する。

　リーダーの治験志願に研究チームのメンバーも呼応した。1972年7月、屠呦呦氏ら3人の研究者は北京東直門医院に入り、人体による初の「モルモット」となった。病院の厳しい管理の下で、1週間の治験観察を行ったが、人体への明らかな副作用は見られなかった。エーテル中性抽出物の安全性を十分に検証するため、研究チームは中薬研究所内でも投薬量を増やした治験を5例行ったが、結果はいずれも良好であった。

　1972年8月から10月にかけて、氏は自ら薬を携えて、海南島昌江のマラリア感染地域に入った。厳しい暑さに

耐え、山を越え、川を渡り、寸刻を争って患者を訪ねた。

　初めての臨床試験は慎重の上にも慎重を期さねばならず、少しずつ投薬量を増やしていった。氏は自らの治験の経験をもとに、免疫力の強い地元の人、免疫力の弱い島外の人、三日熱マラリア、熱帯熱マラリアなどの基準で、投薬量を3つのグループに分けた。また、投薬量を正確に把握するため、自らの手で患者に薬を飲ませ、ベッドのそばで病状を観察し、体温を測り、血液中のマラリア原虫数の変化を詳しく見ていった。

　最終的に、海南島では三日熱マラリア11例、熱帯熱マラリア9例、混合感染1例、計21例の臨床試験を行い、結果は満足のいくものであった。三日熱マラリアの平均解熱時間は19時間、熱帯熱マラリアは36時間で、マラリア原虫は全て陰性になった。

　この年、北京三〇二医院でも9例が検証され、全て有効であった。

アルテミシニンの発見

　序盤で成功したといっても、氏は歩みを緩めなかった。すぐにクソニンジンエーテル抽出物の純化と分離に取りかかった。北京に自生するクソニンジンは0.01％のアルテミシニンしか含んでいなかったので、その発見を実際上難しくしていた。採取する季節や純化技術が大きな障害になっていた。

1972年4月26日から6月26日、研究チームは少量の顆粒状、片状、針状の結晶を得た。異なる分離抽出物が得られるたびに、実験室には歓声と拍手が響きわたった。

　マラリアに有効な単体結晶をいち早く抽出するために、全員が必死になっていた。

　氏が海南島で抽出物サンプルの臨床治療効果を検証している間、北京では倪慕雲氏（げいぼううん）が研究チームを統括していた。研究チームは、ポリアミド純化サンプルをベースに、1972年9月25日、9月29日、10月25日、10月30日、11月8日相次いで多くの結晶の分離に成功した。

　氏も海南島から北京に帰るとすぐに研究に加わり、これまで得られた単体物質について皆で話し合い、比較分析を行った。呈色反応や薄層クロマトグラフィーRf値などにより、分離した成分を分析・整理するとともに、ネズミマラリアでの薬効の評価を始めた。

　12月初めに行ったネズミマラリア試験で、ついにはっきりとした効果がみられた。鍾裕蓉氏が11月8日に分離

1972年、南京会議で中医研究院マラリア対策グループが提出した報告書の一部

取得した結晶を、体重1kgあたり50mgで経口投与した結果、マラリア原虫が陰性に変わったのである。後に研究チームは11月8日をアルテミシニン誕生の日とした。

　クソニンジンから得た単一の化合物が抗マラリア活性を有することを、初めて薬効で証明したのだ。

　年が明けて1973年、クソニンジンの抗マラリア効果が広く知られるようになると、中薬研究所には各地から手紙が届き、来客が絶えなくなった。氏は自ら返事を書き、資料を送付した。来客を温かく迎え、クソニンジン、クソニンジン抽出物および研究の進展状況を包み隠さず説明した。ほどなく雲南や山東などの研究チームが氏の方法を参考にクソニンジンの研究を始めた。

[訳注]
①神話時代の神農氏から始まり、後漢時代に書物になったと言われる中国最古の医書。李時珍の「本草綱目」成立（明代）以前は、最も権威のある医書とされた。
②明代の李時珍が編集した中国の代表的本草書。日本にも大きな影響を与えた。

第四章 中国の神薬

TU YOU YOU

The First Female Scientist of China
Who Won the Nobel Prize

初めに突き当たった壁

　実験室で大量抽出のためのプロセス改善をした後、氏と研究チームのメンバーは、新しい取組みを始めた。実験環境は劣悪ではあったものの、研究チームは意気込みに満ちていた。1973年初めから5月までに、アルテミシニン100gあまりを抽出した。氏はそれを一部は化学分析用に、一部は臨床前の安全性試験用に、一部は臨床観察用に分け、少量を予備として残しておいた。

　1973年の4月から6月までは、アルテミシニンの一連の安全性試験を行った。投薬量の多寡は、猫の血圧、心拍数、心電図に影響を与えることはなかった。3回にわたる犬の毒性試験では、一部の犬に流涎や嘔吐、下痢などの症状が出たほかは、指標は全て正常であり、明らかな副作用は見られなかった。

　慎重を期するために、この時も同じように健常人による治験を行った。詳細な治験計画を立てた後、1973年7月21日から8月10日まで、4人の研究員が治験に参加し、その結果これといった副作用は見られなかった。

　動物と人に対するアルテミシニンの安全性試験のクリアは、新世代の抗マラリア薬がまもなく誕生することを意味していた。皆臨床試験の結果を首を長くして待っていた。しかし、その臨床試験には、まだ一波乱も二波乱もあった。

上海有機化学研究所蔵「青蒿研究座談会の資料（1975年11月）」にある「1973年アルテミシニンII治療効果観察8例」の記載

　アルテミシニンの錠剤は海南島の現場に送られ、すでにそこで治療を行っていた鍼灸医が臨床観察を担当することになった。

　1973年8月10日から10月15日まで、島外者のマラリア8例にアルテミシニンの投薬試験が2段階に分けて行われた。

　9月22日までに行われた熱帯熱マラリア治療の5例では、効果があったのは1例のみで、2例は血中のマラリア原虫数は減少したものの、患者の心拍が弱くなったため、投薬を止めた。2例は効果が見られず、良い結果とは言えなかった。

　1回目の臨床観察は不首尾に終わった。

　この情報は電話で北京に知らされ、チーム全員にショックを与えた。皆の頭の中には様々な疑問が湧き起こったが、さっそく原因の調査を開始した。アルテミシニン

の純度にも、動物実験のデータにも問題はない。剤形に問題があるのだろうか。そこで、海南島で臨床試験を行っている研究員に錠剤を北京に送り返して貰った。それを調べている時、全員が薬片が硬いと感じた。乳鉢でも砕けないほどであった。崩壊性の問題が薬剤の吸収に影響していたのだ。

氏はアルテミシニン単体の粉末を直接カプセルに入れることにした。流行期が終わる前に大急ぎで検証を行い、臨床治療効果を明確にしなければならない。

氏が自らカプセルに詰めたアルテミシニンは、当時の中薬研究所副所長であった章国鎮氏により海南島に届けられた。9月29日に現場に着くと、島外者の三日熱マラリア3例に投与された。投薬量は3.0 ～ 3.5 g であった。その結果、投薬後平均31時間以内に平熱に戻り、18.5時間で血液中のマラリア原虫が陰性となった。3例全て有効であり、明らかな副作用も見られなかった。しかし、マラリア流行期が終わってしまったため、これ以上の検証は続けられなかった。しかしこのアルテミシニン最初の臨床治験は、研究チームが分離したアルテミシニンが、クソニンジンの抗マラリア有効成分であることを示していた。

当時「523」オフィスに提出されたアルテミシニンの第1回臨床観察報告書では、8例の患者が使った薬には、2種類の剤形があった点にはふれられず、試験が2段階に分けて実施された点も説明されていなかった。その後、この報告書を誤って理解する人が出てきたのも無理から

ぬことであったが、それはまったくの誤解であった。

　アルテミシニンのこの初めての臨床試験には、失敗と成功が含まれるが、カプセルによる３つの治療例は、その臨床治療効果が実験室のそれと一致していることを証明していた。

　記録によると、1973年４月、研究チームは、アルテミシニンは窒素を含まない化合物で、分子量は282、分子式は$C_{15}H_{22}O_5$で、セスキテルペン系に属する化合物であると明らかにしたとされている。これは1973年後半、海南島での臨床試験で有効であったのは、アルテミシニンにほかならないことを十分説明できるものであった。

　1974年４月に河南省商丘で開かれた「マラリア予防・治療薬（化学合成）研究専門会議」では、中薬研究所科学教育処の陳玟氏が、アルテミシニン、ジヒドロアルテミシニン（アルテミシニンの誘導体）の研究状況を発表した。アルテミシニンが初めて専門会議で公けにされたのである。

　中薬研究所は、まず上海有機化学研究所と協力してアルテミシニンの構造を研究し、後に中国科学院生物物理研究所と協力して、X線回折法でその構造を研究

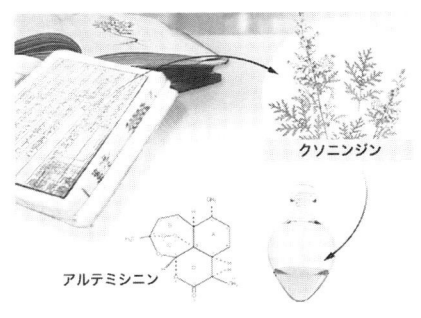

クソニンジン

アルテミシニン

アルテミシニンの発見に至るまでのイメージ図

した。1975年末には、X線回折法によりその立体構造が確定され、1977年にはその結果が初めて公開された。

1976年2月と1977年2月、衛生部への2度にわたる稟議を経て、「アルテミシニン構造共同研究チーム」の名義で『科学通報』への発表が承認された。その後、氏のチームは『化学学報』『中薬通報』『薬学学報』『Planta Medica』『Nature Medicine』などの学術誌に研究を発表した。

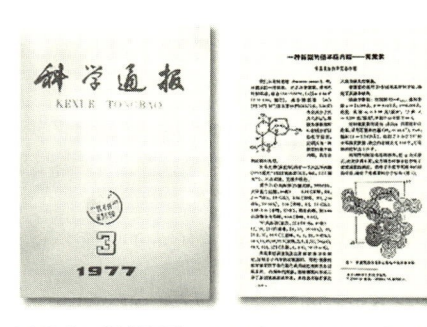

1977年、『科学通報』に発表された論文「新型セスキテルペンラクトン—アルテミシニン」

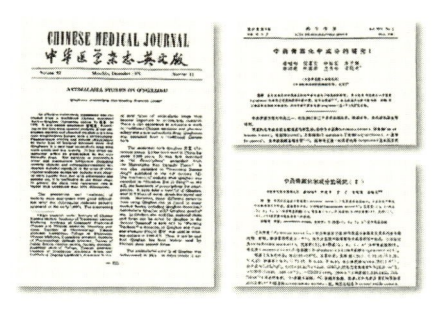

氏のチームが発表した論文

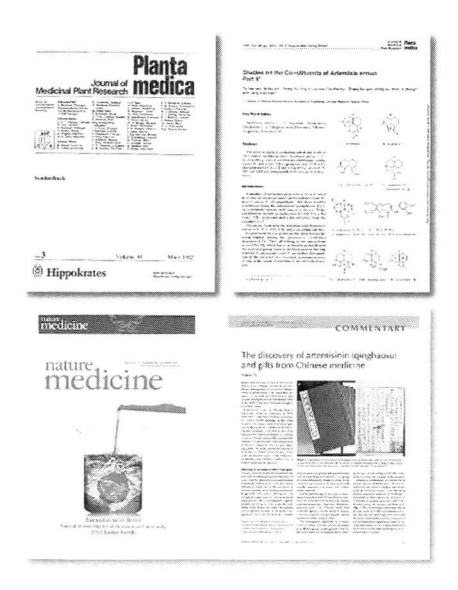

『Planta Medica』『Nature Medicine』に発表し
たアルテミシニンに関する論文

コテキシン（COTECXIN）

　1995年、ケニアのマラリア高度流行地域キスムで、
ある妊娠中の女性がマラリアに感染した。昔から使われ
ているキニーネやクロロキンを使用すれば、たとえ母体
は助かったとしても、流産したり、胎児に奇形が生じる
可能性がある。そこで、アルテミシニン製剤の一つであ
る「コテキシン」で治療をしたところ、奇跡的に母親は
無事、子どもも健康に生まれてきた。母親は赤ん坊に何

度も口づけし、命を救ってくれたこの中国の薬を忘れぬよう、赤ん坊に「コテキシン」と名付けた。

コテキシンの誕生は、1973年の9月下旬、氏が行ったアルテミシニン誘導体の実験にさかのぼる。

中薬研究所はアルテミシニンをことのほか重視し、人やモノの面で大きなサポートを行った。氏はアルテミシニンの大量抽出や臨床試験への準備など、プロジェクト全体を統括し、重点を化学的研究に移していった。

1973年9月下旬、氏はアルテミシニン誘導体の研究で、アルテミシニンを水素化ホウ素ナトリウムで還元すると、カルボニル基のピークが消失することを発見した。これ

もアルテミシニン中のカルボニル基の存在を証拠立てていた。研究チームのメンバーによる実験でも結果は同じであった。この誘導体の分子式は$C_{15}H_{24}O_5$、分子量は284であり、これこそがジヒドロアルテミシニン（Dihydro artemisinin）であった。メンバーの一人倪慕雲（げいぼうん）氏は誘導体を還元する際、アセチル基を導入した。このアセチル化誘導体の抗ネズミマラリア活性はさらに高い。これは、アルテミシニン分子にカルボニル基を導入すれば多くの誘導体が得られることを意味しており、構造活性相関を研究するための条件が整ったことを示していた。

1997年、「523計画」関係者の記念写真。2列左から7番目が屠呦呦氏。

1975 年、研究チームはアルテミシニンのペルオキシドの除去、ラクトン環のカルボニル基還元、アセチル化など、誘導体の構造活性相関について研究を行った。その中で、アルテミシニン構造中のペルオキシドが抗マラリア活性基であること、また、ペルオキシドを保ったままラクトン環のカルボニル基をヒドロキシ基に還元し、ジヒドロアルテミシニンとすれば、著しく効力が高まることを確認した。カルボニル基にある種の側鎖を加えれば、薬効がさらに強くなることは、アルテミシニンの構造を部分的に組み換えれば、その理化学的性質を変化させ、薬効を強くできることを示す。研究の状況は「523」オフィスに報告された。ジヒドロアルテミシニンはそれ自身アルテミシニンに勝る抗マラリア活性を持っているほか、様々なアルテミシニン系薬剤を合成するためのベースともなる。例えばアル

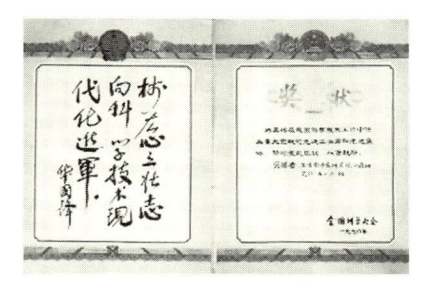

1978 年の全国科学技術大会で「523」チームは「全国先進者／先進集団」賞を獲得

1979 年 9 月、アルテミシニンは国家科学技術二等賞を獲得

テスネート、アルテメーテルなどは、ジヒドロアルテミシニンをベースにしたものである。したがって、ジヒドロアルテミシニンの開発は、屠呦呦研究チームのもう一つの重要な成果であった。

1981年、WHO、世界銀行、国連開発計画は北京でマラリア化学治療ワーキンググループ第4回会議を開催。アルテミシニンとその臨床応用に関する一連の発表が大きな反響を呼び、国際的に注目された。氏（2列左から4人目）の『アルテミシニンの化学的研究』と題する発表はのちに『中医雑誌』に掲載された

　1981年10月、北京で開かれた国際会議で氏が行った「アルテミシニンの化学的研究」と題する発表は、WHOの専門家たちの大きな関心をよんだ。氏は「この新発見は、更なる新薬開発のための方向を示した点により重要な意義がある」と考えた。

氏は、構造活性相関の研究結果を踏まえ、ジヒドロアルテミシニンにはもっと深く研究開発を行う価値が十分あると考えた。反対の声はあったものの、1985年、アルテミシニンの新薬申請が終わりかけた頃、氏は自身をプロジェクトリーダーに、富杭育氏を薬理などの実験研究責任者として、新薬認可手続きに基づき、協力部門を動員し、「ジヒドロアルテミシニンとその錠剤の研究プロジェクト」を立ち上げた。そして7年の苦労のすえ、1973年に誕生したジヒドロアルテミシニンは1992年にようやく「新薬証書」を手に入れ、生産が開始された。

これは中国ないし全世界への氏のもう一つの重要な貢献であった。この時の「ジヒドロアルテミシニンとその錠剤の研究プロジェクト」は、全国十大科学技術成果として表彰され、これにより氏は中医研究院初の終身研究員に任じられた。

1982年10月の全国科学技術表彰大会。氏（前列左端）はアルテミシニンの最初の発見者として発明証書とメダルを受け取った

1985年、中医研究院中薬研究所職員の記念写真。前列左から3人目が屠呦呦氏、4人目が当時の所長姜廷良氏

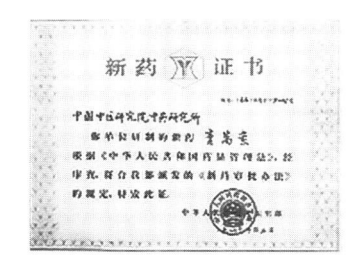

1986年10月3日、衛生部が発行したアルテミシニンの「新薬証書」

1992年7月20日、衛生部が発行したジヒドロアルテミシニンの「新薬証書」

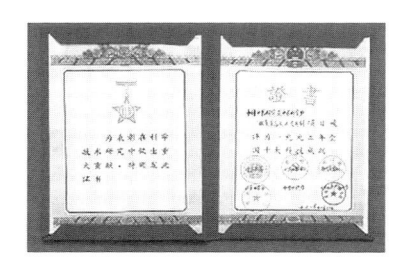

1992年12月、「ジヒドロアルテミシニンとその錠剤の研究プロジェクト」は全国十大科学技術成果として表彰された

10倍の臨床薬効を有するジヒドロアルテミシニンは薬量が少なくて済み、再発率も1.95%と低く、アルテミシニン系薬剤の「高効果、速効性、少ない副作用」などの特徴をさらに際立たせた。前掲のアフリカの少女の名前「コテキシン」は、製薬会社がジヒドロアルテミシニンにつけた商品名に由来している。本薬は各種マラリアの治療に広く使われるとともに、しばらくの間、中国の国家指導者がアフリカを訪問する際に必ず持参する贈り物にもなり、アフリカでは「中国の神薬」と称えられた。

　WHOの統計によると、全世界の20億人以上がマラリアの流行地帯、すなわちアフリカ、東南アジア、南アジアおよび南アメリカに住んでいる。2000年から、サハラ砂漠以南のアフリカ諸国の約2億4000万人がアルテミシニンを加えた治療を受け、約150万人がマラリアの死の淵から救い出された。

　薬効をさらに高めるため、中国の科学者はアルテスネート、アルテメーテルなどの新薬を開発した。そのうち、アルテスネート注射剤はキニーネ注射液に代わり、WHOが強く推薦する、重症マラリア患者の第一選択薬となっている。全世界30カ国以上で、5歳以下の子どもを中心に700万人を超える重症マラリア患者の命を救った。

　中国に昔からある何でもない「草」に、世界は驚嘆した。

挙国一致で成し遂げた奇跡

　2011年、屠呦呦氏は「医学界のノーベル賞」と言われるラスカー賞を受賞した。その理由として、評議委員会は以下3つの「最初」をあげた。すなわちアルテミシニンを「523計画」に持ち込んだ最初の人であり、抑制率100％のアルテミシニンを抽出した最初の人であり、臨床試験をおこなった最初の人というものである。

　受賞後、皆が大喜びしているのとは対照的に、氏は平然としているかのように見えた。彼女は繰り返しこう強調した。「これは私だけの栄誉ではありません。中国の科学者全員の栄誉です」

　これは決してただの社交辞令ではない。国を挙げての協力が生んだ奇跡。これはアルテミシニンの研究開発過程で、何度も証明されていた。氏をはじめとする研究者たちが心血を注いだこの研究は、全国が一丸となった協力体制なしでは考えられない。

　アルテミシニンの評価書には次のように書かれている。1972年から、全国10の省、区、市は、クソニンジン製剤とアルテミシニン製剤を用い、海南、雲南、四川、山東、河南、江蘇、湖北および東南アジアなど熱帯熱マラリア・三日熱マラリアの流行地域で、6555例の臨床試験を行い、アルテミシニン製剤で2099例の治療を行った。

　新薬の創製は、テーマの選定立案から技術開発の道筋の確立、原料の選定から化合物の抽出、薬理、毒理の分

85

析から臨床研究という長い道のりを経なければならない。このようなプロセスは、今日といえども、多方面の協力に頼らざるを得ない。

　2010年から、米国科学アカデミー会員のルイス・ミラー氏は、ラスカー賞やノーベル賞の評議委員会に、屠呦呦氏とそのアルテミシニンの研究を推薦、紹介することに力を注いできた。彼は公の場でこう言った。「屠呦呦氏がクソニンジン抽出物に薬効があるのを初めて発見してから、アルテミシニンの開発はリレーのバトンのように受け継がれてきたのです」

　中医科学院院長の張伯礼院士は次のように語っている。「アルテミシニンは数十の科学研究機関と何百人もの科学者がともに奮闘してきた結果です。国を挙げての体制が当時の困難な状況下で大きな役割を果たしました。こういったチームワークの精神はいつまでも輝きを失うことはないのです」

2013年6月19日、中薬研究所を訪れたルイス・ミラー氏（左から2番目）。右から2人目が屠呦呦氏、左端が陳士林所長

　アルテミシニン研究の歩みと成果は、マラリアの治療薬を探す「523計画」が、文化大革命という特殊な時期において、全国の科学技術の総力を挙げて推進した研究プロジェクトであったことを示している。1967年の活動開始から、60あまりの研究機関と500人あまりの研究者がこのプロジェクトに参画した。1978年11月28日、揚州で開かれたアルテミシニン評価会議には、6つの主な研究機関と39もの協力機関が出席し、参加人数は100人あまりに達した。

　新薬の開発にこれほど多くの機関と人員が必要なのだろうかと思うかもしれないが、実際、何一つ欠けてもできないのである。

　例えば、アルテミシニンの立体構造の解明について言えば、40数年前、国家レベルの研究所である中医研究院中薬研究所でさえ先進的な設備機器をもっていなかった。当時、上海有機化学研究所がこの分野で、全国で最も良い設備を備えていたので、中薬研究所はここと協力してアルテミシニンの化学構造の研究を2年あまり続けたが、その解明には至らなかった。その後、中国科学院生物物理研究所が加わり、さらに進んだX線結晶回折技術を用いることでようやく確定できた。

　多くの組織を束ねる調整役として、全国「523」オフィスは、アルテミシニン開発を支え続けた。クソニンジンのエーテル中性抽出物がネズミマラリア・サルマラリア原虫への抑制率が100％であることを中薬研究所が発見した時、その年のうちに臨床試験を行うよう指示した。

また、中薬研究所がアルテミシニンの抽出に成功した時も、できるだけ早く臨床試験を行うよう指示した。1974年1月10日から17日、北京で全国各地の「523」オフィス責任者の座談会が開かれた時、「クソニンジンに関する研究活動は、中医研究院が雲南、山東などとコミュニケーションをとりながら、進行を調整すること」と指示を出した。1974年2月5日、全国マラリア対策研究指導チームが作成した「523」オフィス責任者座談会のレポートでは、クソニンジン研究の経験を相互に共有することが必要だと提起した。中医研究院はこれに基づき、1974年2月28日から3月1日「アルテミシニン研究座談会」を開催し、山東中医薬研究所、山東寄生虫予防・治療所、雲南薬物研究所および北京中薬研究所の研究者たちが参加した。会議ではここ3年のクソニンジン研究の進展状況について交流を行った。研究の重複を避け、役割を調整し、研究スピードを速めるため、仕事の振り分けを行った。

　中薬研究所は参会者の代表をアルテミシニン研究の実験室に案内し、詳しく説明した。これによって、全国的な協力体制が本格的に始まった。

　1年後、成都で開かれた会議には、全国8つの省・市の関係部門が出席し、クソニンジン研究のため国を挙げての「総力戦」を展開するべく作戦を練った。

　全国「523」指導チーム事務局元副主任の張剣方氏は次のように語る。「アルテミシニン開発の成功は、わが国の科学技術者全員による努力の賜物です。6つの開発

部門には、それぞれ独自のアイデアがあり、イノベーションがありました。現代科学技術により伝統薬から新しい構造の薬をつくりだすことは、当時の人材、設備、資金、理論知識、技術からすると、単独の部門だけでは成し遂げられません」

　かつて「523計画」に参画した中国科学院院士の周維善氏は感慨深げに言った。「アルテミシニン系の一連の薬剤開発は、非常に複雑なプロセスであり、数多くの研究者が参画しました。どんな部門や個人であっても、単独で成し遂げられるものではありません」

　「523計画」においては、マラリア流行地域で実際に行われる調査研究が重要な役割を果たした。具体的には、疫学調査、重症患者の治療、臨床観察などである。マラリア流行地域の多くは辺鄙なところにあり、劣悪な自然環境に加え、生活条件も厳しいものがあった。こういうところで数カ月間にわたって仕事をするには、辛苦に堪え、多くの困難を克服する必要があった。1960年代末、上海から海南島に派遣された40人のチームを例にとろう。現地の環境は極めて劣悪であり、彼らは任務の遂行のため、山を越え、川を渡って行かねばならず、生活、登山、蛇などさまざまな問題を乗り越えなければならなかった。ある時次のようなことがあった。現地の農家に寄宿していたあるメンバーが、農家の人とご飯を食べていた時、箸がお椀の中の小さなアオガエルに当たった。当時は、農民の精神に学ぼうと叫ばれていた時代であったため、カエルなど食べられないとは間違っても言えず、

何とか飲みこんだ。このような現地での苦難は、現在では想像もできないものだ。

当時は、ことのほか「献身の精神」が強調され、それは科学研究においても同じだった。あらゆるチームで「献身の精神」を目にすることができた。「523」計画の一環として、オオツルハマダラカの飼育と増殖の研究が上海の科学研究機関に割り振られた。当時、国際的に行われていたハマダラカの交配・繁殖の研究では、恒温恒湿の楕円形の飼育室など先進的な設備が必要であった。しかし、国内には十分な設備がなかった。研究者たちは狭く蒸し暑い飼育室で、自分の両手を蚊に吸わせさえして、実験用の蚊を育て上げた。上海第二製薬工場が虫よけ剤の効果を試験する必要があった時は、26人の解放軍兵士が自ら試験台になると志願した。彼らは両足のくるぶしと銃の負い皮に虫よけ剤を固定し、夜、蚊が群がっている河原の草地に伏せ、蚊に刺された回数の統計をとった。

「523計画」のもう一つの特徴は「協力」である。地域間や同じ専門の研究チーム間でこまめに密接な相互交流を行った。上海を筆頭とする「マラリア免疫研究チーム」を例にとると、各地域の研究チームは、計画立案、まとめ、ショートレポート、密な連絡、物資の融通などで交流を図るとともに、仕事の提案を出しあって分業を行い、内部交流資料の印刷も始めた。このやり方は「523」指導チームに高く評価され、全国に広められた。また、多くの成果が即座に且つあますところなく、全国の関係者

のため参考に供された。

　当時は、何でも集団で協力しあうという時代であり、多くの人々が学術論文に名前を残すことさえしなかった。彼らの研究に対する執念と情熱は、「国が必要としている」という純粋な思いから来ていた。

　こういった人たちの貢献も、歴史に銘記されるべきである。

世界を救う生薬

　WHOは、マラリアをエイズや癌とともに、死に至る三大疾病の一つとしている。

　アルテミシニンが世に出て広まるまでは、全世界で毎年延べ4億人がマラリアに感染し、少なくとも100万人が死亡していた。感染者と死亡者は、サハラ砂漠以南の

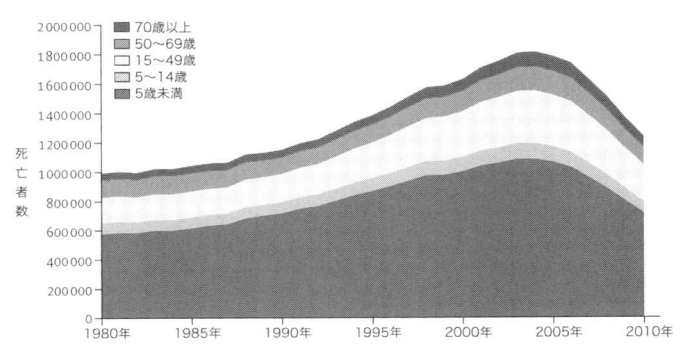

1980年〜2010年世界マラリア死亡者数の統計（年齢分布）

アフリカ諸国に集中し、多くの患者が伝統的な抗マラリア薬は高価で買えないという理由で死亡していた。

アルテミシニンは、文字通りの「救命薬」となった。

アルテミシニンのもう一つの長所は、クロロキンに薬剤耐性を持ったマラリア原虫にも効き、またいくつかの薬に薬剤耐性を持ったマラリアにも対処できることである。しかも、数十年来、きわめて高い治癒率を維持しており、抗マラリア薬の中でも抜きんでた存在である。

また、クロロキンに薬剤耐性を持ったマラリア原虫が猛威を振るい、患者に対して打つ手がないまさにその時に、アルテミシニンが「恵みの雨」のように出現したのは、まさに奇跡だった。

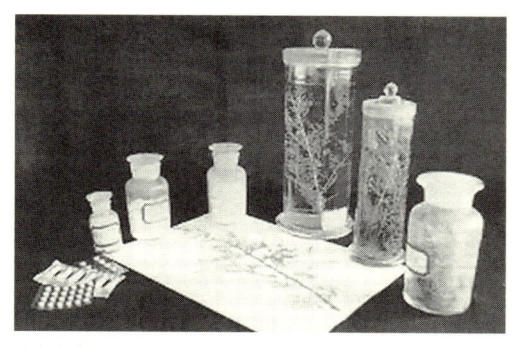

右から左にクソニンジン標本、アルテミシニン、アルテミシニン製剤

理論上、どのような薬でも使い方が適切でなければ、薬への反応がにぶくなったり、薬剤耐性が高まったりし、ひいては薬の効き目がしだいに失われていく。このため、

WHOはアルテミシニン単体でのマラリア治療を不可とし、アルテミシニンをベースに、複数の薬剤を組み合わせた治療を推奨する。具体的には速効性があるジヒドロアルテミシニン、アルテスネート、アルテメーテルと遅効性のピペラキン、メフロキン、ベンフルメトールを組み合わせた治療法である。

　なぜマラリア原虫はアルテミシニンへの薬剤耐性をもちにくいのであろうか。その秘密はアルテミシニン分子に特有の「ペルオキシド」にある。これこそが、本薬がマラリア原虫を死滅させるキーポイントなのである。アルテミシニンは速く作用するため、マラリア原虫は抗酸化酵素、抗酸化剤の合成が間に合わない。同時に、ヒトの赤血球には細胞核、染色体やゲノムもなく、抗酸化酵素遺伝子の発現を高めることができない。赤血球とその中に潜むマラリア原虫は、十分な抗酸化活性物質の保護がなく、アルテミシニンの激しい攻勢を防ぎとめられない。

　現在、アルテミシニン系の薬をメインとする併用療法が、WHOが推奨するマラリアの標準治療法となっている。WHOはこの療法が、マラリア治療においても、マラリアの薬剤耐性に対抗するためにも、最も有効であると考えている。アルテミシニンの発見者であり、また最大の生産者でもある中国は、世界的に重要な役割を果たしているのである。

　アルテミシニンはアフリカですでに数百万人の命を救っている。2000年から、サハラ砂漠以南のアフリカ諸国で約2億4000万人が本薬の併用療法の恩恵を受け、約

150万人がこの治療法によって、命を救われた。

ジンバブエ衛生部抗マラリアプロジェクトの責任者は こう述べる。ジンバブエ衛生部が2010年から2013年に 行った追跡調査では、アルテミシニンを服用したマラリ ア患者の治癒率は97％に達した。ジンバブエは2008年 からアルテミシニンをベースとした複合薬を広めている。 今世紀初め、ジンバブエのマラリア感染率は15％であ ったが、2013年には、2.2％まで下がった。これは、ア ルテミシニンの普及・促進が大きな役割を果たしている。

南アフリカのクワズール・ナタール州では複合アルテ メーテルにより、マラリア患者が78％減少し、死亡者 数が88％減少した。西アフリカのベナンの人々は、中 国医療隊が治療に用いる、効き目があって値段が安いこ の薬を「遥か東から来た神薬」と呼んでいる。

2002年10月、氏は招きに応じて、中国とWHOが共同で主催 した「中国・アフリカ伝統医学発展と協力フォーラム」に出席し、 「抗マラリア伝統薬——アルテミシニン」と題する発表をした

　1960年代から、中国はアフリカへの医療隊派遣を始め、医療支援や病気の予防・治療を無償で行ってきた。2009年末までに、アフリカに54の病院を建て、30のマラリア予防・治療センターを設立し、35カ国に約2億元相当の抗マラリア薬を提供した。

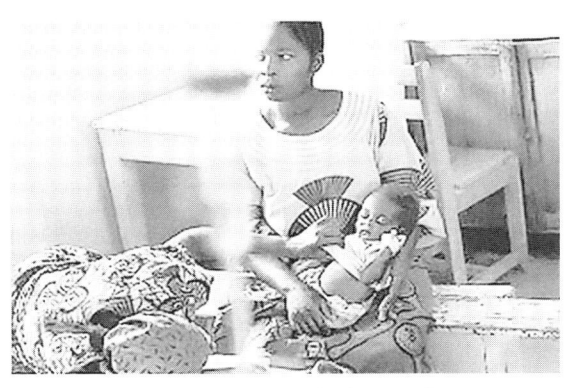

マラリアに感染した子どもとその母親（アフリカ）

　2015年10月23日、モーリシャスのアミーナ・ギュリブ・ファキム大統領は中国を訪問した際、わざわざ時間をさいて中医科学院中薬研究所を訪れた。この著名な生物学者でもある女性大統領は、氏のノーベル賞受賞に祝いの言葉を述べ、こう言った。「氏は、世界の目を再び伝統医学に向けさせました。これは、中国だけではなく、発展途上国や世界の伝統医学にとっても特別な意義があります」。中国医薬に強い興味を抱いている大統領は、またこうも語った。「アフリカの伝統医薬も大きな潜在

力をもっています。伝統医薬の分野で中国と協力関係を築くことを切に望みます。これを「南南協力」のベースとするなら、モーリシャスは中国医薬と世界を結ぶ窓口になるでしょう」

中医科学院中薬研究所で陳士林所長からアルテミシニンなどの説明を受ける、モーリシャスのファキム大統領

第五章 世界的な名声

TU YOU YOU

The First Female Scientist of China
Who Won the Nobel Prize

屠呦呦氏と学生たち

1981年、中医研究院はわが国初の博士号、修士号授与機関の一つに指定された。氏は修士課程に4人の学生を受け入れ、育て上げた。そのうち、呉崇明氏と顧玉誠氏が氏の研究方法を受け継いで、伝統的中国医薬であるエンゴサク、オトコヨモギ、ノアザミ、アレチアザミの有効成分や化学成分の研究を行った。

2001年、中薬研究所の中薬学博士課程設置が認められ、2002年、王満元氏を博士課程の学生として受け入れた。

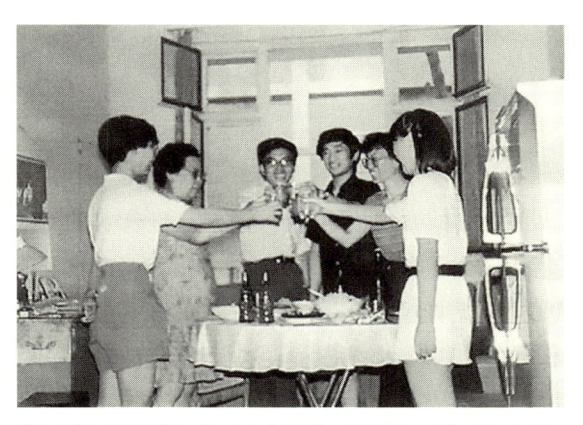

修士課程の顧玉誠氏（左から3番目）と同僚らを家に招いた際の写真。1987年

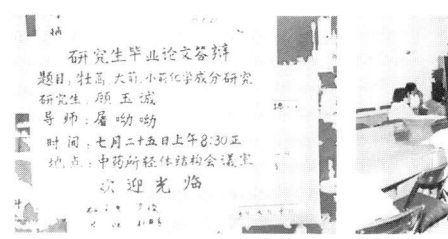

1989年7月25日、顧玉城氏の修士論文審査会

　氏は王満元氏を研究者として育成するため、少数民族チワン族が常用する「紅薬」についてその化学成分と生物活性物質を明らかにし、学位論文を書くよう指導した。「紅薬」はイワタバコ科キリタ属の中国固有の植物で、主に広西チワン族自治区西南部に産し、月経不順、虚弱体質、貧血、打撲、骨折に効果がある。これは氏がクソニンジン以外に取り組んだ数少ない仕事であり、彼女が70歳を過ぎても、人材育成に励んだ姿勢がうかがえる。

　現在、王氏は首都医科大学中医薬学院中薬薬剤学科主任である。王氏が自分の指導教官がどのような人なのかを初めて知ったのは一冊のノートからであった。このA5サイズの深緑色のノートには、呦呦氏が若い頃行った、生薬の化学成分の抽出、分離に関する情報が書き込まれていた。

　2002年、王氏が入学したばかりの頃、屠呦呦氏はこのノートを丁重に教え子に贈り、植物化学への理解を深めさせようとした。当時の王氏にとって、生薬の化学属性がびっしりと書きこまれたノートは、新鮮な輝きを放

っていた。

　王氏は、黄ばんだ表紙を通して、謹厳実直な先輩学者が毎日机の前に座っている様子が目に浮かぶようであったと語る。表紙には「雷鋒同志に学べ」と手書きしてあった。このノートは、1960年代末から1970年代初めにかけての記録だった。当時、屠呦呦氏は抗マラリア薬研究開発の「523計画」の任務を受けたばかりであり、研究資料がなかなか手に入らず、中国医薬関係の資料の多くは各地の学校の「革命委員会」の閲覧資料から収集するほかなかった。入手するとそれを漏れなく書き写した。3カ月をかけ、内服、外用、植物、動物、鉱物などを含む2000種あまりの処方を収集し、その中の200種あまりの生薬と380種あまりの抽出物についてスクリーニングを行った。

　2002年、氏は「生薬および生薬による臨床治療効果評価の標準」を策定するプロジェクト中のクソニンジンに関するサブプロジェクトを引き受けた。当時、たった一人のチームメンバーであった楊嵐研究員は、日本に研修に行くことになっていた。人手が足りないため、博士課程に入ったばかりの王氏をチームに加えた。72歳だった呦呦氏は、毎月タクシーで実験室に行き、王氏を指導した。

　人が「屠先生は西洋医でしょうか、中医師でしょうか」と尋ねても、決まって何も答えなかったことを王氏は覚えている。師が西洋医か中医師かという議論に関心がないのを弟子の王氏は分かっていた。

博士課程の王満元氏（後列左から４人目）の卒業論文審査会。屠呦呦氏は前列右から３人目。審査官は、当時の中薬研究所所長黄璐埼氏（前列右端）、中薬研究所化学室元主任孫富友氏（前列右から２人目）、北京大学薬学院教授趙玉英氏（前列左から３人目）、軍事医学科学院毒物薬物研究所研究員崔承彬氏（前列左から２人目）、北京中医薬大学中薬学院教授石任兵氏（前列左端）

王満元氏の博士課程卒業記念写真

「屠先生が望むのは、科学技術によって中国医薬のより良い治療効果を求めることです。私の指導においてもこの信念は変わりませんでした」。王氏は入学するとすぐ師からあるものを贈られた。屠呦呦氏の下から巣立っていった呉崇明氏と顧玉誠氏の修士論文である。この2本の論文は師のアルテミシニンの研究方法を踏襲したものだった。

師がこの論文を私に読ませるのは、論文に表れている研究思考方法をよく考えさせるためでもあるが、屠呦呦門下に入るための研修という意味もあると王氏は理解した。

弟子である王氏のため、屠呦呦氏は資金を

1985年2月、実験を行う呦呦氏

1996年、助手楊嵐氏の実験指導をしているところ

研究の様子

だして、彼を北京大学医学部と協和医科大学に行かせ、
生薬化学、スペクトル解析などを学ばせた。

「屠先生は粘り強く、ぶれることがありません。何か
を成し遂げようという強い気持ちを持って、一心不乱に
仕事に打ち込まれます」。氏がよく新聞の切り抜きをし
ていたのを王氏は覚えている。特に、健康や衛生に関わ
る重大な事件やニュースに関心があり、しばしば王氏に
関係資料を探させ、知識を補完した。SARSが流行した
時、氏と中国予防医学科学院が共同で、アルテミシニン
系薬剤のSARSに対する有効性を研究した。王氏はこう
語る。「先生の世代の科学者は、国を誇りに思う気持ち
と、集団への帰属意識があります。また科学を信じる思
いは強くて純粋です。私は知らず知らずのうちに先生に
感化されました。自分の関心のある方向が見つかれば、
ぶれずにその道を極めなければならないことを、先生に
身をもって示して頂きました」

世界的な評価

　2011年9月12日、今まで世間に知られていなかった
氏の科学研究に初めて熱い視線が注がれた。
　この日、2011年度ラスカー賞の受賞者リストが発表
され、氏の臨床医学研究賞の受賞が明らかになったのだ。
新しいマラリア治療薬であるアルテミシニンを発見し、
全世界、特に発展途上国の数百万人の命を救ったという

103

のが受賞理由であった。

　後に氏はさらにノーベル賞を受賞するものの、この時点ではこれが中国生物医学界の得た最高レベルの賞であった。ラスカー賞の主旨は、医学分野で際立った功績をあげた科学者や医師や公共サービス従事者を表彰するところにあり、生物医学賞の分野ではノーベル賞に次ぐ賞である。氏が受賞した2011年までの受賞者300余人の中で、数十人がその後ノーベル賞を受賞している。この点からも、ラスカー賞の重みは明らかだ。

　当時、氏に関する報道の中で、次のようなフレーズがよく使われた。「ノーベル賞に最も近い中国人女性」「ノーベル賞に値する功績」

　北京時間2011年9月24日の明け方、ラスカー賞授賞式で、氏はずっしりと重いトロフィーを受け取った。時に81歳になっていた氏は、受賞の思いを真摯に述べた。「これは中国医薬が世界に向かって飛躍し得られた栄誉です。この栄誉は研究チームメンバー全員のものであり、中国の科学者全員のものであります」

　この受賞により、悠久の歴史を有する中国医学が世界的な病気に打ち勝ったことが、初めて世界に知らされた。

　「人類の医薬の歴史において、数億人の痛みと苦しみを緩和し、100以上の国の数百万人の命を救う発見をこのようにお祝いする機会がそうたびたびあるとは思われません」。スタンフォード大学の教授で、ラスカー賞選考委員会のメンバーであるルーシー・シャピロ氏はアルテミシニン発見の意義をこう述べた。「アルテミシニン

という抗マラリア活性が高い薬の発見は、屠呦呦氏と彼女のチームの『深い洞察力、広い視野、固い信念』の賜物であり、過去半世紀において最も価値のある薬物療法を世界にもたらしました」

2011年9月24日、ニューヨーク。ラスカー賞受賞式で

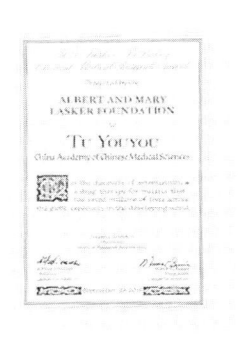

ラスカー賞の賞状とトロフィー

2011年ラスカー賞選考委員と受賞者の記念写真。屠呦呦氏（前列
左から2番目）以外の受賞者は、アーサー・ホーウィッチ氏（後列
左から2番目）、フランツ＝ウルリッヒ・ハートル氏（後列左から
3番目）。また、アメリカ国立衛生研究院（NIH）が組織として受賞

2011年9月、ラスカー賞受賞式。呦呦夫婦と長女家族

　WHO世界マラリアプログラムコーディネーターのパスカル・リングウォルド氏は次のように述べた。「この10年、世界のマラリア死亡者数は38％減少し、アフリカ11カ国を含む世界43カ国のマラリアの発病率と死亡率は50％以上下がりました。アルテミシニン系薬剤は、人類がマラリアと戦うための有力な武器となりました」

　受賞後、屠呦呦氏は、この受賞が中国医薬に与える意義に強い関心を示した。授賞式において、氏は落ち着いた様子でアルテミシニンの研究開発の歩みを述べた後、やや高揚した口調で言った。「伝統的中国医薬をさらに深く探究するよう呼びかけます。伝統をしっかり受け継ぐとともに、発揚、レベルアップ、革新にも努めます。中国医薬は大きな宝の山であり、世界の人々の健康のためにもっともっとできることがあります。祖先は私たちのために多くの有益な経験を残してくれました。私たちはアルテミシニンを探し当て、緊急に解決が望まれる世界的な問題を解決しました。同じような伝統薬はまだまだたくさんあります」

　国家中医薬管理局は、祝辞の中で次のように述べた。「屠研究員のラスカー賞受賞は、中国医薬学が宝の山であり科学的価値があることを示すとともに、わが国の生物医学分野におけるイノベーション力を証明し、多くの中国医薬関係者を奮い立たせた」

　「国内外を問わず、中国医薬の研究は中国医薬に新しい時代をもたらし、さらに多くの命を救うでしょう」。アルテミシニンの歴史を研究している北京大学生命科学

院の饒毅院長は、氏のラスカー賞受賞を聞いてこのように語った。「アルテミシニンは伝統薬から抽出される薬剤の価値を証明しました。これにより国際医薬界には、伝統薬から全く新しい化学構造の薬剤を作り出し、有効な化合物を生み出そうとする流れが生まれるでしょう。また人々は、生薬の特定の化学成分と特定の病気との関係の解明に関心を向け始めました」

アルテミシニンは人類に幸福をもたらし続けている。この中国の大地から生まれた研究成果は、伝統的中国医薬の宝である。ラスカー賞受賞以降、本薬の世界的評価はますます高まっている。

ラスカー賞受賞の4年後、屠呦呦チームの研究成果が再び国際科学界から高く評価された。2015年6月、ウォーレン・アルパート財団とハーバード大学医学部が2015年度ウォーレン・アルパート賞を、マラリア治療に画期的な貢献をした氏とそのほか2人の科学者に授与すると発表したのである。氏は体調不良だったため、家族が代わって授賞式に出席した。

ウォーレン・アルパート氏によって、1987年に設立された本財団は、人類が健康に暮すために、特に優れた研究をした科学者を表彰する組織である。現在までに、51人の科学

呦呦氏に代わりウォーレン・アルパート賞を受領した長女李敏氏とその家族

者が本賞を受賞し、その内の8人の科学者（屠呦呦氏を含む）がノーベル賞を受賞している。氏は中国の科学者で初の受賞者であった。

ノーベル賞受賞

　2015年10月5日、ラスカー賞受賞の4年後、氏のノーベル賞受賞が現実となった。

　スウェーデンのカロリンスカ研究所はこの日、寄生虫病の治療研究で大きな成果をあげた屠呦呦氏、アイルランドのウィリアム・C・キャンベル氏、日本の大村智氏に2015年ノーベル生理学・医学賞を授与すると発表した。

　氏はノーベル生理学・医学賞の歴史で12番目の女性受賞者となった。受賞理由は「マラリアの新療法の発見」であった。選考委員のジャン・アンダーソン氏はこう語った。「屠呦呦さんはアルテミシニンが動物や人の体内でマラリアに対抗できることを初めて証明した科学者です。人類の命と健康にこの研究が果たした貢献は特に際立っており、科学研究者に新しい扉を開きました。彼女は中国医薬だけでなく薬理学や化学にも通じ、東西の医学を結び付けて相乗効果を生み出しました。」

　ノーベル賞選考委員会は「その価値は計り知れない」という言葉で評価した。「寄生虫が引きおこす病気は、人類を何千年も苦しめ、世界的に深刻な問題となっています。彼女が発見したアルテミシニンは、マラリア患者

の死亡率を劇的に引き下げました。キャンベルさんと大村さんが開発したイベルメクチンは象皮病や河川盲目症の発病率そのものを引き下げました。今年の受賞者は『被害の大きい寄生虫病の革命的治療法』を研究した方々です。この2つの研究成果は、年間数百万人におよぶ感染者に『強力な新しい治療』を提供するとともに、人類の健康状態を改善し患者の苦痛を和らげる上で、計り知れない貢献をしています」

中国はちょうど国慶節の休暇中で、全国が喜びに湧き立った。

受賞発表当日、李克強国務院総理は、国家中医薬管理局に次のような祝辞を贈った。「医学研究者を始めとするわが国の多くの科学者は、長い間黙々と努力を重ね、無私の奉仕精神で、団結協力し、勇敢に高みを目指し、多くの優れた成果をあげてきた。彼女の受賞は、中国の科学技術の繁栄と進歩を示すものであり、人類の健康な生活のために中国医薬が果たした大きな貢献であり、わが国の総合的国力と国際影響力が高まり続けていることをはっきりと示している。……」

李克強総理は氏のノーベル賞受賞に祝辞を送った。写真はこれを伝えるCCTVの全国ニュース

なぜ屠呦呦氏なのか

　1955年に中医研究院中薬研究所に配属されてからこれまでの60年間、氏はほとんど自分の職場を離れなかった。一心にその「草」に取り組み、たくさんの優れた研究成果をあげた。

　アルテミシニンを発見してからも、氏は歩みを止めなかった。仕事へのこだわりと追求が、彼女をより深い探索に駆り立てた。1973年には、ジヒドロアルテミシニンの合成に成功し、アルテミシニン構造中のカルボニル基の存在を立証した。またこのジヒドロアルテミシニンは、天然のアルテミシニンよりはるかに薬効があることが後に証明された。

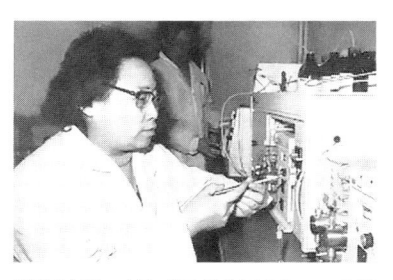

1990年代、ジヒドロアルテミシニンの液相分析試験を行っているところ

　屠呦呦チームの一丸の努力によって、1983年8月、アルテミシニン座薬が完成した。1986年には、アルテミシニンに新薬証書が発行された。

1992年、北京第六製薬工場の技術者を指導しているところ

これは1985年に「中華人民共和国薬品管理法」と「新薬認可の手続き」が公布された後、衛生部が初めて発行した新薬証書であった。

　1973年9月、アルテミシニンカプセルの臨床検査が初めて行われ、3回とも全て初回で有効であったが、それから1986年にアルテミシニン系薬剤の発売が許可されるまでは実に13年を要した。

　氏が2009年に出した書籍『クソニンジンおよびアルテミシニン系薬剤』は、「第11次5カ年計画」の国家重要図書に選ばれた。彼女は取材者が来ると、「この本にすべて書いてあります」と言った。科学者として、この260ページの学術書だけで世界と対話することを願い、そのほかについては何も話すことがないようであった。

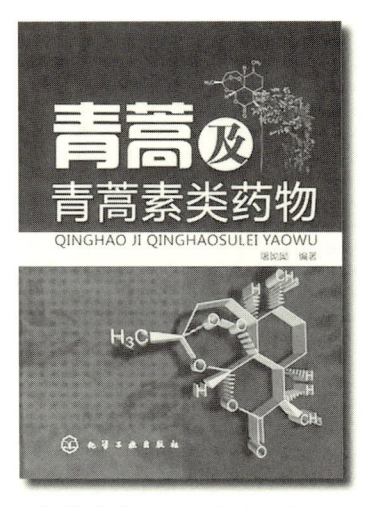

屠呦呦編著『クソニンジンおよびアルテミシニン薬』

　氏が発表した論文や著作を見れば、長い間わき目もふらずにクソニンジンおよびその有効成分の研究をしたことがわかる。また、クソニンジンの幼苗や標準品種などの研究についても成果を発表している。

　輝かしい肩書きは何もなかったが、全身全霊で医学に

打ち込む妨げとは全くならず、最終的にノーベル賞を受賞した。

氏はこう語る。「生涯をかけて取り組んできたものですから、アルテミシニンが最大限にその力を発揮するよう願います。また新しいインセンティブの仕組みが作られることにより、中国医薬に価値のある成果がもっともっと生まれ、人類の健康を守る役割を果たすよう願っています」

中国医薬が持っているオリジナル性という強みも、氏のノーベル賞受賞にとって大きな力となった。

当然ながら、中国医薬の分野で強みを握っているのは、これを生み出した中国である。後漢時代の張仲景は、「傷寒」（腸チフス）の治療でその名を知られている。彼は中国医薬のバイブル『傷寒論』に、さまざまな伝染病に合わせた治療方法を記述しており、その処方は現在も使われ、臨機応変の治療方法は、中国医薬臨床実践のベースとなっている。日本の漢方の流派の一つ経方派は、現在でも張仲景の処方を用いてウイルス性肝炎などの伝染病を治療している。

中国の医学者は、980年～1567年の間に早くも人痘接種法（人痘法）を発明した。人痘法は牛痘接種法が発明されるまでは、最も治療効果が高い天然痘予防の方法であった。中国で盛んに用いられ、後にヨーロッパに伝わり、アメリカでも広まり、現代免疫予防医学の誕生を促した。

紀元前369年から明末の1644年まで、正史に記載があ

るだけでも95回の疫病の大流行があり、清の歴史を記した『清史稿』ではさらに多く、100回あまりとある。このように疫病がたびたび流行しているのに、当時の人口は大幅に増加していた。清朝の中期には1億人を突破し、清末には3億人に達している。一方、同時期のヨーロッパの人口総数は1億5000万人であり、しかも増加速度は緩やかであった。さまざまな原因が考えられるが、中国医薬の貢献は無視できない。

　氏から見て、アルテミシニン発見の鍵は、祖先の知恵の真髄を現代の科学技術で発掘した点であり、これこそが自分にとって意義深く、また喜びとするところであった。

　その背後にあるキーワードは、中国医薬界でよく言われる「東西の医学の融合」である。

　「西洋医のための中国医薬コース」3期生であった氏の科学研究の道は、その最良の例と言えるものであった。

　国を挙げて推進した「東西の医学の融合」の日々が、中国伝統医学の発展にどのような意義を持っていたのか、　建国初期に成長したこの女性科学者は十分過ぎるほど分かっていた。

　現在、伝統的な中国医薬は、国際社会でも高く評価されるようになった。ノーベル生理学・医学賞選考委員会議長のキラト氏はこう語る。「屠呦呦さんは、中国の生薬の中からアルテミシニンを分離してマラリア治療に応用しました。これは伝統的な中国医薬が科学者に新しいアイデアをもたらし得ることを示しています。現代の精

製技術および現代医学との結合を通じて、中国医薬が収めた病気治療の功績は本当に素晴らしいものなのです」

中国文化は奥深く、その医薬は何千年にも渡って創造、蓄積されてきた宝の山であり、後代に引き継がなくてはならない。これにより無数の人々の健康が守られてきたと考えると、中国医薬は長い間世界でも超一流の医学であったと言える。春秋戦国時代の扁鵲（へんじゃく）や後漢末の華佗（かだ）といった伝説的名医は、その時代時代における中国医薬の輝きを反映している。今回の氏のノーベル賞受賞によって、中国医薬のポテンシャルが再評価された。後世に必ず継承されなければならない。

中医科学院院長で院士の張伯礼氏は氏のノーベル生理学・医学賞受賞に話が及んだ時、こう述べた。「中国医薬が閉鎖的であったことはかつて一度もありません。時と共に歩み、絶えず発展し、さまざまな時代の新しい考え方や新技術を取り入れてきました。科学技術は日進月歩ですから、中国医薬も現代科学技術を活用し、絶えず生まれ変わっていく必要があります」

中国医薬の独自性という強みについて、中医科学院中薬研究所の陳士林所長はこう考える。「民族性が強ければ強いほど、生命力があります。伝統的医薬分野には膨大な独自資源があり、現代の科学技術と結び付けば、たくさんのオリジナルな成果を生み出し、人類に幸福をもたらすでしょう。例を挙げれば、砒霜（ひそう）（三酸化ヒ素）による白血病の治療、漢防已（かんぼうい）（シマハスノハカズラ）から分離されたテトランドリンの抗ウイルス作用、黄連（おうれん）に含

まれるベルベリンによる糖尿病治療などです」

　また、中国人で初めて自然科学分野のノーベル賞をとったのが女性であることは驚くべきで、また喜ばしい。

　ノーベル賞が設けられてから115年、592人の科学者が自然科学分野のノーベル賞を受賞した。そのうち、女性の受賞者は17人（延べ18人）であり、わずか3％にとどまる。化学賞となるとキュリー母娘を含めわずか4人である。物理学賞では2人しかいない。そのうちの1人はキュリー夫人である。1963年から、物理学賞を受賞した女性は出ていない。生理学・医学賞はやや多く、今まで12人が受賞しているが、しかし、全体の5％でしかない。こういった状況を考えると、氏の受賞は中国科学界の誇りであるだけでなく、中国女性の誇りであり、全世界の女性の誇りでもある。

　この受賞によって、中国人女性の知的能力が他国の女性に決して引けを取らないことが証明された。台所を飛び出した女性がどれだけ大きな舞台で活躍で

2015年11月19日、氏はスウェーデン駐中国大使にノーベル賞受賞式の様子を報告した

きるのか、氏の歩んだ道を見れば答えがわかる。研究能力やポテンシャル面で女性は劣っており、科学研究には向かないというかたくなな考えや古い観念は今や荒唐無稽で、陳腐な議論でしかない。

　氏の経歴は、国が実施してきた一連の男女平等政策が女性の進歩と国の発展の両方を推し進めたことをはっきりと示している。彼女の受賞は、まさにこういった政策がもたらした素晴らしい成果なのである。国が女性の人材育成をますます重要視し、これをサポートする政策や措置をさらに打ち出し、社会全体が力を合わせ、女性の人材育成に資する良好な環境をつくれば、より多くの「屠呦呦」が「ガラスの天井」のない平等な環境ですくすくと成長し、頭角を現すだろう。

　現在85歳の彼女は、相変わらず研究に打ち込んでいる。この尊敬すべき女性は、人々に奉仕し、世の人を救うという医学者の崇高な気持ちを体現するとともに、中国の科学者の探究心、忍耐力、集中力、革新性をも体現している。

一途な性格

　2005年、屠呦呦一家は、北京の三里屯地区から朝陽区金台路近くの高層マンションに引っ越した。日当たりのよい3LDKで、リビングの窓からは、CCTVの新ビルや人民日報社屋などの北京の新しいランドマークが見え

る。夫婦は新居に大満足であった。この家では、マンションの購入というような大きなことは、夫の李廷剑氏が采配を振ると決まっていた。夫はこの家を誇りにしていた。屠呦呦氏が国際的な賞を受賞し、世界から注目されるようになったのは、まさにこの家に移り住んでからである。

　彼女はすでに80歳を超えているが、自分が引退したと思ったことは一度もない。それは彼女が中医科学院の終身研究員であり、アルテミシニン研究センターの主任を務めているからと言うよりは、自身の興味が全くほかに向かないからである。氏はその一途な性格から、大学時代からずっと打ち込んできた医薬の研究に今もなお夢中なのだ。

　アルテミシニンの評判が高まり、広く使われるようになった時、氏の関心はすでに、その濫用とマラリア原虫の薬剤耐性に向かっていた。氏は早くから、一部の科学文献やニュース報道を通し、アルテミシニンのマラリア原虫の殺滅にかかる時間がしだいに長くなっていることや、一部マラリア感染地域において薬剤耐性マラリア原虫が出現しているという情報に注意を払っていた。WHOもこれに対し、薬剤耐性が出てくるのを避けるために、アルテミシニン単独での治療法をやめるよう提案している。

　氏はさらに提言する。「一部地域で行われている、大量にアルテミシニンを使うマラリア予防法は、薬剤耐性を生み出す潜在的要因である。国際社会がマラリアの治

療法を規範化し、本薬の濫用をやめるよう願っている」

氏は、アルテミシニンの使用法に対する自分なりの見解を表明するのに臆することはなかった。誰が何を言おうと、自分の考えを変えようとしなかった。こうしたひたむきな性格は若い頃から変わっていない。

1975年に成都で開かれた、クンニンジン研究の「総力戦」計画会議において、彼女はその頑固さから批判を浴びた。黎潤紅氏がまとめた『523計画の記録（1964年～1981年）』に次のように記されている。「会議では、各研究部門が担当分野の研究進展状況について報告を行った。中でも、感染地域で脳マラリア治療の経験を積み重ね、優れた成績をあげた広東省の中医学院中国医薬研究チームが評価された。しかしそのチームは研究室内での実験でばかり偏っているという指摘もあった。事情を知る関係者の話によると、この批判的な言葉は、氏とそのチームに向けられたものであったという。たくさんの研究者が呼びかけに応じ、アルテミシニンの臨床試験に興味をもって取り組んだが、発見者である氏は、まずは実験室内でアルテミシニンの構造を明らかにし、その上で初めて、大規模な臨床試験に入るかどうかを決めるべきだと考えた。彼女はこのやりこそが患者に対する責任であり、医学の基本ルールを守る態度であると考えていた。

彼女の偉大さはことなくイノベーションを追求する精神も、その一途さと深い関係がある。12月2日の夜、すなわち

授賞式のためにストックホルムに赴く2日前、氏は中医科学院中薬研究所の陳士林所長に、イノベーションの重要性を語った。「かつて、クソニンジンの抗マラリア性を解き明かしたことをイノベーションであるとするなら、イノベーションとは色々な方法を考えて試すことだ。今さらに、アルテミシニンに新しい力を吹き込もうとするなら、やはり絶えずイノベーションしていかなければならない。それでこそ成功が見えてくるのだ」。85歳の氏にとって、イノベーションという言葉は流行でも何でもなく、絶えず実践するものであり、研究を成功に導く鍵なのである。

　彼女の一途な性格は、その深い愛国心にも表れている。国が必要とするなら、あらゆる努力を惜しまず必死になって達成しようとする。アルテミシニンの研究という任務を全うするため、2人の娘と分かれて暮らすのもためらわず、薬の副作用を徹底的に解明するため、命の危険を顧みずみずから治験した。屠呦呦夫婦はともに、愛国心に溢れている。夫の李廷釗氏は朝鮮戦争への従軍を希望したし、当時大学生であった彼女も同じ戦場に行くことを望んだ。

　そして今回、ノーベル賞授賞式のためスウェーデン行きを決めたのも同じ気持ちからである。すでに高齢でもあり、病気に加え最近は腰も悪くしていた彼女は、初め、受賞式に行くかどうか悩んだし、『ニューヨークタイムズ』等の取材を受けた時もその戸惑いを隠さなかった。しかし同僚から「ノーベル賞の受賞は個人の栄誉である

だけでなく、国の栄誉でもある。行けるのであればやはり行った方がいい」と勧められた時、心を決めた。李廷釗氏はこう語る。「国が求めていると言われれば、彼女には一も二もありません。これは生涯変わりません」

　ルールを守ること、イノベーションし続けること、国を愛すること、理想を求めること。どれに対しても彼女はひたむきであり、他人の言葉には惑わされない。これが中国の科学者、屠呦呦氏の姿なのだ。

スウェーデン カロリンスカ 研究所における講演

　尊敬する受賞者の皆さま、紳士、淑女の皆さま。

　本日、ここカロリンスカ研究所で講演できることを誠に光栄に存じます。私のテーマは「アルテミシニン——中国医薬から世界への贈り物」です。

　最初に、2015年生理学・医学賞受賞の栄誉にあずかったことについて、選考委員会およびノーベル財団に感謝申し上げたいと思います。これは私個人の栄誉であるだけでなく、中国の科学者全員にとっての栄誉であり、励ましでもあります。このわずか数日の間に感じたスウェーデンの人々の温かさにもあわせて感謝申し上げます。

　先ほどウィリアム・キャンベル氏と大村智氏の素晴らしい講演を拝聴しました。これから私がお話しするのは、40年前、中国の科学者が様々な困難にも屈せず、中国医薬の中から新しい抗マラリア薬を探し出すまでのプロセスです。

　アルテミシニン発見の経緯につきましてはたくさん報道されていますので、ご存じの方もいらっしゃるかも知れません。ここでは、概要だけをご紹介申し上げたいと思います。この図は、中医研究院抗マラリア薬研究チームの当時の仕事を簡単にまとめたものです。

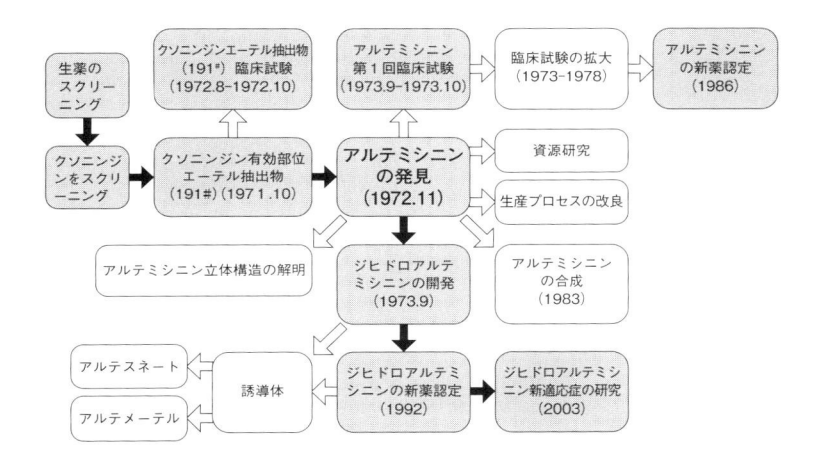

　　上図の灰色下地の部分は、当研究チームの成果であり、
白色下地の部分は全国のその他の協力チームによる成果
です。灰色下地から白色下地に移る部分は、中医研究院
と協力チームの両方が参画した仕事を表しています。

　　中薬研究所チームは、1969年抗マラリア薬の研究を
始めました。膨大な生薬を対象にスクリーニングを繰り
返した後、1971年以降はクソニンジンに絞り込んで研
究を行いました。また多くの失敗を重ねながら、同年9
月、抽出方法を見直して低温抽出法に切り替え、エーテ
ル還流や冷浸法を試し、その後、アルカリ性溶液を使っ
て酸性部分を除去する方法でサンプルを作成しました。
10月4日、クソニンジンエーテル中性抽出物、すなわち
191番サンプルを体重1kgに対して1.0ｇ、3日連続で経
口投与したところ、ネズミマラリアの抑制率は100％に

達しました。同年12月から翌年の1月にかけて、サルマラリアへの実験を行い、同様に抑制率100%の結果を得ました。クソニンジンエーテル中性抽出物の薬効面でのブレークスルーが、アルテミシニン発見のキーポイントでした。

1972年8月から10月、クソニンジンエーテル中性抽出物の臨床研究を行いました。30例の熱帯熱マラリアと三日熱マラリアの患者すべてに効果が現れました。同年11月、この部位から抗マラリア活性がある化合物の結晶をとりだすことに成功し、後に「アルテミシニン」と名づけました。

1972年12月、アルテミシニンの化学構造の究明を始め、元素分析、スペクトル分析、質量スペクトル、分光分析などにより、化合物の分子式を$C_{15}H_{22}O_5$に、分子量を282に確定し、アルテミシニンが非酸化セスキテルペン系の化合物であると明らかにしました。

1973年4月27日、中国医学科学院薬物研究所分析化学室は、分子式などの関連データを照合しました。1974年から中国科学院上海有機化学研究所と生物物理所は、アルテミシニン構造の共同研究を相次いで行いました。最終的にX線回析でその構造を確定し、アルテミシニンはペルオキシドを含む新型のセスキテルペンラクトンであると確認しました。立体構造は1977年、中国の『科学通報』で発表され、同時にアメリカの化学物質データベース「ケミカルアブストラクツ」に収録されました。

1973年から、アルテミシニン構造の官能基を研究す

るために誘導体を合成しました。水素化ホウ素ナトリウム還元反応を通じて、その構造中のカルボニル基の存在を確認し、ジヒドロアルテミシニンを開発しました。構造活性相関の研究から、アルテミシニン構造中のペルオキシドは抗マラリア活性基であり、一部のジヒドロアルテミシニンのカルボニル誘導体は、ネズミマラリアへの抗マラリア活性を高めることが分かりました。

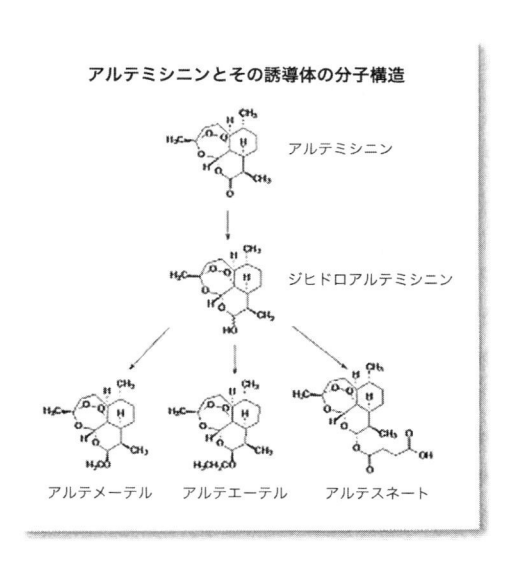

アルテミシニンとその誘導体の分子構造

これはアルテミシニンとその誘導体であるジヒドロアルテミシニン、アルテメーテル、アルテスネート、アルテエーテルの分子構造です。現在のところ、このタイプ以外の構造の誘導体が臨床に用いられたという報道はあ

りません。

1986年、アルテミシニンは衛生部の新薬証書を取得しました。1992年には、ジヒドロアルテミシニンが新薬証書を取得しました。ジヒドロアルテミシニンの臨床薬効はアルテミシニンの10倍に相当し、アルテミシニン系薬剤の「高効果、速効性、少ない副作用」といった特徴がよく出ています。

1981年、WHO、世界銀行、国連開発計画が、北京において共同開催したマラリア化学療法ワーキングチーム第四回会議では、アルテミシニンおよびその臨床応用に関する一連の発表が大きな反響を呼びました。私は「アルテミシニンの化学的研究」と題する発表をおこないました。1980年代、中国の数千例のマラリア患者がアルテミシニンとその誘導体による有効な治療を受けました。

ここまで聞いて来られて、これは単なる新薬発見の普通のプロセスであると感じられる方も多いかもしれません。しかし、当時、中国で既に2000年以上の使用歴がある生薬クソニンジンから、アルテミシニンを取り出す過程には相当な困難が伴いました。

1969年、中医科学院中薬研究所は、全国的な「523」抗マラリア研究プロジェクトに参加しました。中医科学院のトップは検討のすえ、私を「523計画」研究チームのリーダーとして、マラリア治療の生薬の研究開発を担当するよう指示しました。当時、このプロジェクトは重要軍事プロジェクトとして極秘扱いにされていました。一人の若い研究者にとって、このような重要な任務を担

う機会を与えられたことは、国の自分に対する信頼であると感じ、身が引き締まる思いがしたものです。私は全力で任務を全うすると誓いました。

　この写真は私が中薬研究所に入ったころの写真です。左側は著名な生薬学者の楼之岑先生です。先生の指導で生薬の鑑別を学びました。1959年から1962年まで、「西洋医のための中国医薬コース」を受講し、系統立てて中国医薬の知識を学びました。化学者ルイ・パスツールは「準備を怠るものには、チャンスは決して巡ってこない」と言っています。また昔の名言には「過去は序章に過ぎない」とあります。序章とは準備を意味します。抗マラリアプロジェクトが私にチャンスを与えてくれた時、私の西洋医学の知識がアルテミシニン研究のための良い序

章（準備）となってくれました。

　任務を引き受けてから、私は歴代の中国医薬関連の典籍を収集・整理し、ベテランの中医師を尋ね、マラリア治療に使われる処方箋や生薬を集め、膨大な民間処方箋にも目を通しました。植物、動物、鉱物など2000種を超える内服薬と外用薬を集めた上で、640種の生薬をメインにした『マラリア単秘験方集』という本を編纂しました。まさにこういった情報収集と分析がアルテミシニン発見のベースとなりました。中国医薬の新薬研究が他の植物薬の研究開発と異なるところはこういったところです。

　当時、研究が壁にぶつかった時、東晋時代（A.D.4世紀〜5世紀）の葛洪が著した『肘後備急方』の「青蒿ひと握りを水2升にひたし、その汁を絞り服用する」というマラリア治療に関する記述について考え直していました。そこで抽出時に高温を避けることに思い至り、沸点の低い溶剤での抽出方法に切り換えました。

　青蒿が薬として用いられた記述は、最も古いもので馬王堆3号漢墓の『五十二病方』（B.C.2世紀）で、その後『神農本草経』『補遺雷公炮制便覧』『本草綱目』などの典籍にも出てきます。しかし、古書にさまざまな記述はあるものの、青蒿のどの種類かははっきりしていませんでした。当時の『薬局方』には2種類収録され、そのほか4種類の混成品も使われていましたが、青蒿の品種はきちんと整理されていませんでした。後の研究で、クソニンジン（Artemisia annua L.）という品種のみがアル

テミシニンを含み、マラリアに効果があると分かりました。このように、アルテミシニン発見に至るまでの道のりは険しいものでした。くわえて、植物中に含まれるアルテミシニンはわずかしかなく、また薬用になる部位、産地、採取時期、純化プロセスなどの問題もありました。伝統の中国医薬は豊かな宝の山ですが、現代の我々はそれをよく調査し、レベルアップしていかなければなりません。

　70年代の中国は、科学研究のための環境が整っていなかったので、クソニンジンの効き目のある部位を十分集めて臨床に用いるために、水がめを抽出容器にしたものです。大量の有機溶剤を使うのですが換気設備がなかったため、研究者の体に影響が出ることもありました。また、迅速な新薬開発のため、動物実験をクリアした後は私たちチームメンバーが自ら抽出物を服用し、臨床患者の安全を図りました。また、アルテミシニンの錠剤の臨床試験結果が思わしくなかった際には、原因究明に努め、最終的には錠剤の崩壊性に問題があるのを突きとめました。そこですぐに錠剤をカプセルに切り替え、アルテミシニンの有効性を立証しました。

　1972年3月8日、全国の「523計画」オフィスによる抗マラリア薬専門家会議が南京で開かれた際、私は中薬研究所を代表して、クソニンジン191番抽出物のネズミマラリア、サルマラリアに対する研究結果を発表し、大きな関心を集めました。同年11月17日、北京で開かれた会議では、30例の臨床試験が全て有効であったこと

を発表しました。この時から、全国的な協力体制による
クソニンジン研究が始まったのです。

　本日、私は改めて、「523」抗マラリア研究に従事した
当時の中医科学院のすべてのメンバーに心から感謝申し
上げるとともに、アルテミシニンの研究、発見、実用化
に打ち込み、多大な貢献をしたメンバーのことを深く心
に刻みたいと思います。山東省中薬研究所、雲南省薬物
研究所、中国科学院生物物理所、中国科学院上海有機所、
広州中医薬大学および軍事医学科学院など全国の「523
計画」参加機関の協力に感謝申し上げます。また、協力
機関の方々が手にしたさまざまな成果、およびマラリア
患者への温かい支援に心から祝福の意を表するとともに、
全国の「523」オフィスの抗マラリアプロジェクト推進
におけるたゆまぬ努力に心からの敬意を表します。これ
らの方々の無私の協力という精神がなければ、短期間に
アルテミシニンを世界に送りだすことはできなかったで
しょう。

　WHOのマーガレット・チャン事務局長は、マラリア
の制圧に話が及んだ時、現在世界的にマラリアの病例と
死亡例が減っており、これは大変感動的であると評価し
てくださいました。とは言え、統計によると、世界で97
の国と地域の33億人がマラリアの脅威にさらされてお
り、そのうち12億人は、感染率が0.1％を超える高度流
行地域に住んでいます。統計データによると、2013年全
世界のマラリア患者は約1億9800万人であり、マラリア
による死亡者は約58万人、そのうち78％は5歳以下の

子どもです。マラリア死亡者の90％は、高度流行地域であるアフリカに集中しています。アフリカのマラリア患者の70％は、アルテミシニンをベースにした併用療法（Artemisinin-based Combination Therapies, ACTs）を受けています。しかし、ACTsの治療を受けられない患者は5600万から6900万人に達しています。

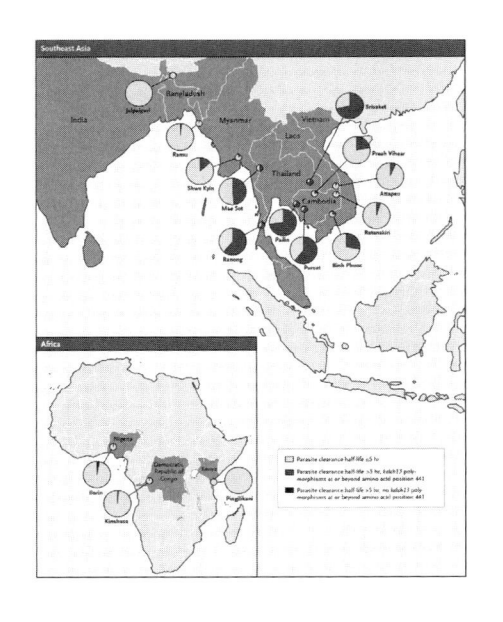

　カンボジア、ラオス、ビルマ、タイ、ベトナムなどの大メコン川流域地域では、熱帯熱マラリア原虫にアルテミシニンに対する薬剤耐性が現れています。カンボジアとタイの国境地域でも、熱帯熱マラリア原虫に多数の抗マラリア薬に対する薬剤耐性が現れています。今年報告

された、アルテミシニン薬剤耐性の分布図をご覧ください。図から分かるように、大メコン川流域地域だけでなく、アフリカの一部の地域にも薬剤耐性が現れています。この警鐘を深刻に受け止めなければいけません。

　WHOは2011年にアルテミシニンへの薬剤耐性を阻止するための世界計画を打ち出しました。その目的は、ACTsの熱帯熱マラリアに対する有効性を守るためです。大メコン川流域地域で薬剤耐性が現れていることを受け、今後どれぐらい拡散する可能性があるのかが注視されており、この計画に参画している100人あまりの専門家は、薬剤耐性が高度流行地域に広がる前に、それを阻止し消滅させるチャンスは非常に限られていると考えています。このように、アルテミシニンへの薬剤耐性の阻止は緊急の課題です。全世界のマラリア治療従事者がWHOのこの世界計画に従うよう切に願います。

　この講演を終えるに当たって、もう一度中国医薬についてお話ししたいと思います。毛主席はかつて「中国医薬学は偉大な宝の山、発掘に努め、レベルアップを図ること」と言いました。アルテミシニンはこの宝の山から探し当てたものです。私はこの研究を通し、中国と西洋の医薬をうまく結合し、それぞれの長所を生かせば、より大きな開発力と素晴らしい発展性が得られると感じています。大自然は我々に膨大な植物資源を与えてくれました。医薬学の研究者はその中から新薬を開発できるのです。「神農、百草をなめる①」という物語に始まる中国

医薬の歴史は、数千年をかけて膨大な臨床経験を積み重ね、自然資源の薬用価値を整理しまとめてきました。これを継承し高めていけば、必ずや新しい発見やイノベーションがあり、人類に幸福をもたらしてくれるでしょう。

　最後に、唐代の有名な詩を皆様方と味わいたいと思います。王之渙の「黄鶴楼に登る」という詩です。

　白日　山に依って尽き
　　　　　（真赤な夕日が山によりそうようにして落ち果て）
　黄河　海に入りて流る
　　　　　（黄河は東に向かって海に入るまで流れつづける）
　千里の目を窮めんと欲し
　　　　　（千里彼方までの眺めをみきわめようと）
　さらに上る　一層の楼
　　　　　（さらにもう一階上の楼へと上る②）

　皆様方も機会があれば今よりも少し高みに上り、中国文化の魅力をじっくりと味わい、伝統的中国医薬の宝を発見してみてはいかがでしょうか。
　アルテミシニンの発見、研究、実用化に尽力された国内外の全ての同僚、同業者の皆様、友人の皆様に心から御礼申し上げます。
　家族の変わらぬ理解と応援に深く感謝します。
　本日はご清聴誠に有難うございました。

　　　　　　　　　　　　　　　（2015年12月7日）

[訳注]

① 「神農嘗百草」（神農、百草をなめる）。神農は古代伝説中の帝王。農業を始めたと言われ、民の病苦を救うために、様々な草を食べ、薬効を調べたと伝えられている。

② この詩の書き下し文と日本語訳は以下の書の今鷹真氏の文を参照した。『唐詩選』筑摩叢書 1972年10月20日

屠呦呦氏年表

年	年齢	出来事
1930年		12月30日、浙江省寧波開明街508号に生まれる。
1936年～1941年	6～11歳	寧波私立崇徳小学校初等科
1941年	11歳	寧波陥落後、開明街26号の姚家に転居。
1941年～1943年	11～13歳	寧波私立鄞西小学校高等科
1943年～1945年	13～15歳	寧波私立器貞中学
1945年～1946年	15～16歳	寧波私立甬江女子中学
1948年～1950年	18～20歳	寧波私立効実高校。後に夫となる李廷釗氏も1944年～1951年同校の中学・高校で学ぶ。
1950年～1951年	20～21歳	浙江省立寧波高校
1951年～1955年	21～25歳	北京大学医学部薬学科
1955年	25歳	大学卒業後、衛生部中医研究院中薬研究所に配属される。(中医研究院は2005年に中国中医科学院と改称)
1959年～1962年	29～32歳	仕事を中断し、衛生部中医研究院第三期「西洋医のための中国医薬コース」を受講。
1963年	33歳	李廷釗氏と北京で結婚。
1965年	35歳	5月、長女李敏を北京で出産。
1968年	38歳	9月、次女李敏を寧波で出産。
1969年	39歳	1月21日、衛生部中医研究院「523」プロジェクトの「抗マラリア生薬研究」チームのリーダーに任命される。 4月、640種の生薬を精選して「マラリア単秘験方集」を編集。 7月、初めて海南島マラリア感染区へ。
1971年	41歳	10月4日、190回の実験失敗の末、191番エーテル中性抽出物のマラリア原虫抑制率が100%に達することを発見。
1972年	42歳	7月、クソニンジン抽出物を自ら治験。

		8月〜10月、海南島昌江マラリア感染区および北京302医院で熱帯熱マラリアと三日熱マラリアの臨床実証試験を実施。
		9月25日〜11月8日、研究チームが相次いで数種類の結晶を分離。
		12月初め、ネズミマラリア試験で11月8日に得た結晶に効果があることを確認。（当初"クソニンジン針晶Ⅱ"などと呼ばれたが、後にアルテミシニンと名づけられた）
1973年	43歳	3月〜4月、アルテミシニンの分子式と分子量を確定。
		9月〜10月、海南島昌江マラリア感染区でアルテミシニンの初めての臨床試験を実施、抗マラリア効果を確認。
		9月、アルテミシニンの誘導体ジヒドロアルテミシニンを発見。
		10月、海南島での臨床試験でアルテミシニンの抗マラリア効果を確認。
1974年	44歳	1月、中国科学院上海有機化学研究所と協力し、アルテミシニンの分子構造を研究。後に、中国科学院生物物理研究所と協力し、X線回析法でその分子構造を研究。
1975年	45歳	11月30日、アルテミシニンの分子構造を確定。
1979年	49歳	中国中医研究院中薬研究所副研究員に任命される。
1980年	50歳	中国中医研究院中薬研究所修士課程の指導教官に任命される。
1985年	55歳	中国中医研究院中薬研究所研究員に任命される。
1986年	56歳	アルテミシニンの「新薬証書」を受領。
1992年	62歳	ジヒドロアルテミシニンの「新薬証書」を受領。
2001年	71歳	中国中医研究院中薬研究所博士課程の指導教官に任命される。
2003年	73歳	エリテマトーデス・光過敏症治療用のジヒドロアルテミシニン合剤の特許証を受領。
2004年	74歳	2月、抗マラリア新薬ジヒドロアルテミシニン合剤の特許証を受領。
2009年	79歳	第三期中国中医科学院唐氏中薬発展賞を受賞。
2011年	81歳	9月、ラスカー臨床医学研究賞を受賞。
2015年	85歳	6月15日、ウォーレン・アルパート賞を受賞。
		10月、ノーベル生理学・医学賞を受賞。

主な参考資料

1. 周興「屠呦呦」『20世紀中国知名科学家学術成就概覧・医学巻・薬学分冊』 科学出版社、2013年

2. 屠呦呦編著『青蒿及青蒿素類薬物』化学工業出版社、2009年

3. 徐季子など著『寧波史話』浙江人民出版社、1986年

4. 李娜「呦呦弄蒿」『科技導報』2015年 第33巻 第20期

5. 蒋昕捷「屠呦呦、遅到的栄誉」『財新週刊』2011年 第38期

6. 李珊珊「発現屠呦呦」『南方人物週刊』2011年 第35期

（いずれも中国の刊行物）

後　記

　屠呦呦氏のノーベル賞など国際的な大賞の受賞は、彼女自身の栄誉であると同時に、中国科学技術の繁栄と進歩、および中国医薬が人類の健康にもたらした多大な貢献を表す。人民出版社が本書を企画したのは、多くの読者に氏の経歴と人生を知って頂き、理想を追い求め、勇敢にイノベーションに取り組み、無私の奉仕で、まわりと力を合わせて、より高みに登るという精神を学んで頂くためである。本書の出版に当たっては、中国中医科学院が責任を持ち、中国婦女報社、中国中医薬報社および人民出版社の関係者が執筆した。中でも、王長路氏、王満元氏、陳廷一氏などが本書の執筆に大きな貢献をした。執筆に際しては、屠呦呦氏および多くの関係者を取材し、国内外の多くの関係資料を参考にした。また中医科学院中薬研究所から多大なるサポートを頂いた。ここに厚く感謝申し上げる。時間の関係により、本書には多くの至らない点があるが、改訂時により良いものにできるよう、多くの読者のご指導を仰ぎたい。

2015年12月

人民出版社

『屠呦呦伝』編集委員会

著　者　『屠呦呦伝』編集委員会
メンバー一覧は P139 を参照。

監訳者　日中翻訳学院　町田 晶（まちだ あきら）
東北大学文学部東洋日本美術史で学士を、同大学院文学研究科
中国哲学で修士を取得。
現在、日中翻訳学院中日翻訳講師。
訳書『悩まない心を作る人生講義』（チーグアン・ジャオ著、
日本僑報社、2016 年）で日本僑報社翻訳新人賞を受賞、大型書
店にて講演サイン会などを行った。同書の抜粋文は中国唯一の
日本語総合月刊誌『人民中国』に 1 年間連載された。

訳　者　日中翻訳学院　西岡 一人（にしおか かずひと）
神戸市外国語大学外国語学部中国学科卒、東京外国語大学院ア
ジア第一言語科卒。卒業後シャープ㈱勤務。20 年に及ぶ中国勤
務を経て、2012 年定年退職。現在フリーの翻訳者、通訳者とし
て活動中。全国通訳案内士（中国語）。2017 年より、日中翻訳
学院主催の翻訳塾にて、翻訳の専門的な訓練を受けている。
『習近平はかく語りき—中国国家主席 珠玉のスピーチ集—』『改
革開放とともに 40 年』（ともに日本僑報社刊）翻訳に参加。

出版協力　Danica Z. D.　馬場 錬成

屠呦呦
中国初の女性ノーベル賞受賞科学者

2019 年 6 月 27 日　初版第 1 刷発行
著　　者　『屠呦呦伝』編集委員会
監 訳 者　町田 晶（まちだ あきら）
訳　　者　西岡 一人（にしおか かずひと）
発 行 者　段 景子
発 売 所　日本僑報社
　　　　　〒 171-0021 東京都豊島区西池袋 3-17-15
　　　　　TEL03-5956-2808　FAX03-5956-2809
　　　　　info@duan.jp
　　　　　http://jp.duan.jp
　　　　　中国研究書店 http://duan.jp

2019 Printed in Japan.　　　　ISBN 978-4-86185-218-3　　C0036

日本僑報社のおすすめ書籍

日中文化DNA解読
心理文化の深層構造の視点から
尚会鵬 著　谷中信一 訳
2600円＋税
ISBN 978-4-86185-225-1

中国人と日本人の違いとは何なのか？文化の根本から理解する日中の違い。

任正非の競争のセオリー
―ファーウェイ成功の秘密―
Zhang Yu, Jeffrey Yao
日中翻訳学院 訳
1600円＋税
ISBN 978-4-86185-246-6

奇跡的な成長を遂げ世界が注目するファーウェイ。その誕生と発展の秘密を創業者の半生から探る。

日本語と中国語の落し穴
用例で身につく「日中同字異義語100」
三井物産㈱初代中国総代表
久佐賀義光 著
1900円＋税
ISBN 978-4-86185-177-3

中国語学習者だけでなく一般の方にも漢字への理解が深まり話題も豊富に。

シェア経済・キャッシュレス社会・コンテンツ産業の拡大……
いま中国の真実は
三潴正道 監訳　而立会 訳
1900円＋税
ISBN 978-4-86185-260-2

「必読！いま中国が『面白い』」最新の中国事情がわかる人気シリーズ第12弾！

日本の「仕事の鬼」と中国の〈酒鬼〉
漢字を介してみる日本と中国の文化
冨田昌宏 編著
1800円＋税
ISBN 978-4-86185-165-0

ビジネスで、旅行で、宴会で、中国人もあっと言わせる漢字文化の知識を集中講義！

悩まない心をつくる人生講義
―タオイズムの教えを現代に活かす―
チーグアン・ジャオ 著
町田晶（日中翻訳学院）訳
1900円＋税
ISBN 978-4-86185-215-2

無駄に悩まず、流れに従って生きる老子の人生哲学を、現代人のため身近な例を用いて分かりやすく解説。

中国漢字を読み解く
〜簡体字・ピンインもらくらく〜
前田晃 著
1800円＋税
ISBN 978-4-86185-146-9

中国語初心者にとって頭の痛い簡体字をコンパクトにまとめた画期的な「ガイドブック」。

新中国に貢献した日本人たち
友情で語る戦後の一コマ
中国中日関係史学会 編
武吉次朗 訳
2800円＋税
ISBN 978-4-931490-57-4

日中両国の無名の人々が苦しみと喜びを共にする中で築き上げた友情と信頼関係。続刊好評発売中！

日本語と中国語の妖しい関係
〜中国語を変えた日本の英知〜
松浦喬二 著
1800円＋税
ISBN 978-4-86185-149-0

「中国語の単語のほとんどが日本製であることを知っていますか？」という問いかけがテーマ。

日本人論説委員が見つめ続けた
激動中国
中国人記者には書けない「14億人への提言」
加藤直人 著　〈日中対訳版〉
1900円＋税
ISBN 978-4-86185-234-3

中国特派員として活躍した著者が現地から発信、政治から社会問題まで鋭く迫る！

日本僑報社のおすすめ書籍

来た！見た！感じた！！
ナゾの国 おどろきの国 でも気になる国 日本
中国人気ブロガー招へい
プロジェクトチーム 編著
2400 円＋税
ISBN 978-4-86185-189-6

中国人ブロガー22人の
「ありのまま」体験記。

若者が考える「日中の未来」Vol.5
中国における日本文化の流行
宮本雄二（元中国大使）監修
日本日中関係学会 編
3000 円＋税
ISBN 978-4-86185-271-8
Vol.4 日中経済とシェアリングエコノミー
Vol.3 日中外交関係の改善における
　　　 環境協力の役割
Vol.2 日中経済交流の次世代構想
Vol.1 日中間の多面的な相互理解を求めて

第16回華人学術章受賞作品
中国東南地域の民俗誌的研究
―漢族の葬儀・死後祭祀と墓地―
何彬 著
9800 円＋税
ISBN 978-4-86185-157-5

華人学術賞の原稿を募集
中です！

日中語学対照研究シリーズ
中日対照言語学概論
―その発想と表現―
高橋弥守彦 著
3600 円＋税
ISBN 978-4-86185-240-4

中日両言語の違いを知り、
互いを理解するための一
助となる言語学概論。

中国工業化の歴史
―化学の視点から―
峰毅 著
3600 円＋税
ISBN 978-4-86185-250-3

中国近代工業の発展を、
日本との関係を踏まえて
化学工業の視点から解き
明かした歴史書。

対中外交の蹉跌
- 上海と日本人外交官 -
在上海日本国総領事 片山和之 著
3600 円＋税
ISBN 978-4-86185-241-1

現役上海総領事による、
上海の日本人外交官の軌
跡。近代日本の事例に学び、
今後の日中関係を考える。

李徳全
――日中国交正常化の「黄金の
クサビ」を打ち込んだ中国人女性
程麻・林振江 著
林光江・古市雅子 訳
1800 円＋税
ISBN 978-4-86185-242-8

戦犯とされた日本人を無
事帰国。日中国交正常化
18年前の知られざる秘話。

病院で困らないための日中英対訳
医学実用辞典
松本洋子 著
2500 円＋税
ISBN 978-4-86185-153-7

海外留学・出張時に安心、
医療従事者必携！指さし
会話集＆医学用語辞典。

日中中日翻訳必携・実戦編Ⅲ
美しい中国語の手紙の 書き方・訳し方
ロサンゼルス総領事 千葉明 著
1900 円＋税
ISBN 978-4-86185-249-7

日中翻訳学院の名物講師
武吉先生が推薦する「実
戦編」の第三弾！

日中中日翻訳必携・実戦編Ⅳ
こなれた訳文に仕上げるコツ
武吉次朗 著
1800 円＋税
ISBN 978-4-86185-259-6

「実戦編」の第四弾！「解
説編」「例文編」「体験談」
の三項目に分かれ「武吉
塾」の授業内容を凝縮。